Academia Güipil
- ESCRIBE Y PUBLICA -
Tu Pasión
CON REBECA SEGEBRE

Mujer Valiosa
Fortaleza Divina

Superando los desafíos de la vida
con fe, determinación y coraje

Para otros materiales, visítanos en:
EditorialGuipil.com

© 2023 por Academia Guipil: Escribe y Publica tu Pasión
Fortaleza Divina
Todos los derechos reservados

Publicado por **Editorial Güipil**
Miami, FL - Winston-Salem, NC. Estados Unidos de América

Reservados todos los derechos. Ninguna porción ni parte de esta obra se puede reproducir, ni guardar en un sistema de almacenamiento de información, ni transmitir en ninguna forma por ningún medio (electrónico, mecánico, de fotocopiado, grabación, etc.) sin el permiso previo de los editores, excepto para breves citas y reseñas.

Esta publicación contiene las opiniones e ideas de su autor. Su objetivo es proporcionar material informativo y útil sobre los temas tratados en la publicación. Se vende con el entendimiento de que el autor y el editor no están involucrados en la prestación de servicios financieros, de salud o cualquier otro tipo de servicios personales y profesionales en el libro. El lector debe consultar a su consejero personal u otro profesional competente antes de adoptar cualquiera de las sugerencias de este libro o extraer deducciones de ella. El autor y el editor expresamente niegan toda responsabilidad por cualquier efecto, pérdida o riesgo, personal o de otro tipo, que se incurre como consecuencia, directa o indirectamente, del uso y aplicación de cualquiera de los contenidos de este libro.

Versículos bíblicos indicados con NVI han sido tomados de la Santa Biblia, Nueva Versión Internacional, NVI. ©1999 por Bíblica, Inc. Usado con permiso de Zondervan. Todos los derechos reservados mundialmente. www.zonderban.com.

Versículos bíblicos indicados con RV60 han sido tomados de la Santa Biblia, versión Reina Valera 1960. ©1960 Sociedades Bíblicas en América Latina; ©renovado 1988 Sociedades Bíblicas Unidas. Utilizado con permiso. Reina Valera 1960© es una marca registrada de la American Bible Society.

Versículos bíblicos indicados con NTV han sido tomado de la Santa Biblia, Nueva Traducción Viviente, © Tyndale House Foundation 2008, 2009, 2010. Usado con permiso de Tyndale House Publishers, Inc., 351 Executive Dr., Carol Stream, IL 60188, Estados Unidos de América. Todos los derechos reservados.

Editorial Güipil

Editorial Güipil. Primera edición 2023
www.EditorialGuipil.com
ISBN: 978-1-953689-76-4

Categorías: Vida Cristiana / Inspiración

*"Un libro cambia vidas,
la primera vida que cambia,
es la de su autor"*

- Rebeca Segebre

*Presidente de La Academia y Editorial Güipil,
fundadora de la Comunidad Mujer Valiosa*

COMUNIDAD
Mujer Valiosa

Academia Güipil
- ESCRIBE Y PUBLICA -
Tu Pasión

CON REBECA SEGEBRE

Escribe palabras que impacten y transformen vidas.

AcademiaGuipil.com

Comunidad - Inspiración - Desarrollo

Contenido

FORTALEZA DE MI ALMA EN TODO MOMENTO
1. Rebeca Segebre 13

CAMINANDO CON FE EN LA SOMBRA DEL MIEDO
2. Julia Amanda 27

MI VICTORIA ANTE EL MENOSPRECIO
3. Claudia Galván Gil 37

LO INVISIBLE, LO INCREÍBLE Y LO IMPOSIBLE
4. Alfa Yáñez 47

LA NAVIDAD DE SHANITA
5. Sandra Zhinin 55

FLORECER EN EL DESIERTO: ENCUENTROS CON DIOS EN LA SOLEDAD
6. Wilmarie Albino 63

MI VIAJE HACIA LA QUIETUD Y LA CONFIANZA EN DIOS
7. Patricia Rios 73

DEJAR EL MONTE Y AVANZAR HACIA LA PROMESA
8. María E. Trejo 81

A PESAR DE LAS DIFICULTADES, SIGO DE PIE POR AMOR A MIS HIJOS
9. Norma Terán 91

ENCONTRANDO ESTABILIDAD EMOCIONAL EN MEDIO DE LA TORMENTA
10. Carmen Hernández 101

ENCONTRANDO ESPERANZA EN LA AUSENCIA
11. Eneida Torres 113

FE Y FORTALEZA: EL TESTIMONIO DE SANIDAD DIVINA
12. Aminta Sandoval 119

REFLEJOS DE SU IMAGEN: HISTORIAS DE FORTALEZA, COMPASIÓN Y FE
13. Blanca Argueta 105

LA LUZ DE SORAYAH: UN VIAJE DE FE Y SUPERACIÓN
14. Mairim Pérez 139

ALAS DE LIBERTAD: ROMPIENDO CADENAS CON FE Y DETERMINACIÓN

15. Maria Magdalena Sotolongo 147

FORTALEZA DIVINA A TRAVÉS DE LAS PRUEBAS

16. María Hernández-Sánchez 155

Epílogo 171

Únete a la comunidad 178

Tus próximos pasos 179

Devocional Soy Mujer Valiosa
Venciendo los desafíos y cultivando las virtudes que nos hacen valiosas en las manos de Dios

REBECA SEGEBRE

Autora del libro *Tú Naciste para Escribirlo*
Presidente de Editorial Guipil y fundadora de
La Academia Guipil: Escribe y Publica Tu Pasión

Publicado por *Editorial Güipil*

EditorialGuipil.com/rebeca

Academia Güipil
- ESCRIBE Y PUBLICA -
Tu Pasión

CON REBECA SEGEBRE

Escribe palabras que impacten y transformen vidas.

AcademiaGuipil.com

Comunidad - Inspiración - Desarrollo

FORTALEZA DE MI ALMA EN TODO MOMENTO

"El Señor es mi fortaleza y mi escudo; confío en él con todo mi corazón. Me da su ayuda y mi corazón se llena de alegría; prorrumpo en canciones de acción de gracias. El Señor le da fuerza a su pueblo..."
Salmos 28:7-8 (NTV)

En el salmo más largo de todos los 150 que contiene las sagradas escrituras, encontramos encerrada una verdad eterna: "Tus promesas renuevan mis fuerzas."

En las palabras de este Salmo, hallamos un eco de esperanza, una voz que trasciende el tiempo y nos llega en nuestros momentos de espera y anhelo.

¿No es acaso nuestra alma un campo de batalla donde las promesas de Dios luchan contra las sombras de la duda y el desaliento?

En esos largos períodos de espera, cuando ansiamos un cambio, una cura, un milagro, nuestras almas pueden sentirse desfallecer. Sin embargo, el salmista nos enseña un camino de resistencia: recordar la promesa. "Recuerda la promesa que me hiciste; es mi única esperanza. Tu promesa renueva mis fuerzas; me consuela en todas mis dificultades." Es aquí donde la fe se convierte en una antorcha en la oscuridad, iluminando los rincones ocultos de nuestra desesperación. Haz de esta declaración tu afirmación Divina en la penumbra del dolor mientras aguardas tu milagro: "Señor, tus promesas renuevan mis fuerzas." Este verso no es una mera colección de palabras poéticas; es una estrategia divina, una llave que abre las puertas de la fortaleza y el consuelo. Al recordar las promesas de Dios en relación con nuestra situación, somos revestidos nuevamente con la armadura de la perseverancia, para enfrentar un día más, una temporada más. Las promesas de Dios son el combustible que alimenta nuestra esperanza.

Hebreos nos enseña: "*Sean vuestras costumbres sin avaricia, contentos con lo que tenéis ahora; porque él dijo: No te desampararé, ni te dejaré; de manera que podemos decir confiadamente: El Señor es mi ayudador; no temeré...*" En esta proclamación, el apóstol nos invita a un acto de fe audaz y firme. Frente a la necesidad económica, en lugar de sucumbir a la avaricia, elegimos el contentamiento. Elegimos creer que Dios es nuestro ayudador porque Él lo ha prometido. Y en esa promesa, hallamos la fuerza para no temer.

Retengamos estas afirmaciones divinas basadas en las promesas de Dios, porque justo y fiel es quien promete. Al recordar sus palabras, tu corazón encontrará la fortaleza necesaria para esperar con confianza. Te aseguro, querida amiga, que al abrazar y recordar estas promesas, tu alma hallará una fortaleza inquebrantable, un refugio seguro en medio de las tempestades de la vida.

LA TRANSFORMACIÓN A TRAVÉS DE LA PROMESA

1. Reflexiona sobre tu propio viaje: ¿Has experimentado momentos en tu vida donde te has aferrado a las promesas de Dios como fuente de fortaleza? ¿Cómo te ayudaron estas promesas a superar tus desafíos?

2. **Evaluando tus pensamientos:** Al enfrentar dificultades, ¿cómo cambia tu perspectiva cuando te enfocas en pensamientos positivos y promesas divinas, en lugar de quedarte atrapado en la negatividad?

3. **El poder de la Palabra:** ¿De qué manera la lectura y la meditación en las Escrituras han fortalecido tu alma en momentos de desesperación o dolor?

TRANSFORMA TU DOLOR EN PODER

En un capítulo oscuro de mi vida, cuando las sombras de la agorafobia se cernían sobre mí, encontré mi realidad distorsionada por un miedo paralizante. Las tareas más sencillas del día a día se convirtieron en montañas insuperables, y el umbral de mi casa, en una barrera infranqueable. El temor a un ataque de pánico se convirtió en mi constante compañero, una presencia opresiva que amenazaba con apagar la luz de mi espíritu.

En esos momentos de inmensa vulnerabilidad, me aferré a las palabras de 2 Timoteo 1:7: "Porque no nos ha dado Dios el espíritu de temor, sino el de fortaleza, y de amor, y de templanza." Con cada repetición de este verso, me armaba de valor, desafiando la marea de ansiedad con la fuerza de una fe inquebrantable.

Día tras día, me postraba en oración, con un corazón sincero y suplicante: "Señor, gracias porque tengo el Espíritu Santo que me otorga fortaleza, amor y templanza. Rechazo todo temor porque no viene de tu Espíritu." Cada palabra era un ladrillo en el muro que construía contra el miedo, una afirmación de mi herencia divina y mi identidad en Cristo.

Me sumergí en las escrituras, encontrando consuelo y esperanza en 1 Juan 4:18: "En el amor no hay temor, sino que el perfecto amor echa fuera el temor, porque el temor involucra castigo, y el que teme no es hecho perfecto en el amor." Imploraba al Señor que me enseñara más sobre su amor, ese amor perfecto que tiene el poder de disipar incluso el temor más profundo y asfixiante.

En la promesa y la palabra de Dios, hallé una fortaleza que sostenía mi alma en la espera de su sanidad. A través de esta temporada de prueba y tribulación, aprendí que la verdadera fortaleza no proviene de nuestra capacidad de resistir, sino de nuestra disposición para confiar, para rendirnos al cuidado amoroso del Padre.

Hoy, al mirar atrás, veo que mi sanidad de la agorafobia no fue solo la desaparición de un síntoma, sino el amanecer de una nueva comprensión de la fortaleza, el amor y la templanza que Dios infunde en sus hijos. Esta sanidad es un testimonio de que incluso en los valles más oscuros y en las noches más frías, la luz del amor divino puede y va a brillar, llevándonos a un lugar de paz y serenidad.

ANTES Y DESPUÉS DE LA SANIDAD DE LA AGORAFOBIA

Para que comprendas la magnitud de mi transformación y el milagro de Dios en mi vida, permíteme llevarte a través del antes y el después de mi lucha con la agorafobia.

El Antes: En las Garras del Miedo
En los días nublados de mi agorafobia, la vida cotidiana

se convirtió en un laberinto de temores irracionales. Caminar una cuadra hasta mi trabajo se transformaba en una odisea mental, plagada de ansiedad y dudas. Manejar se convertía en un acto de valentía, temerosa de perderme en la oscuridad que se cernía con la noche. Mis miedos, lejos de ser protectores, se intensificaban hasta el punto de paralizarme, dejándome exhausta ante decisiones tan simples como la elección de la hora para ir al trabajo o el medio de transporte a utilizar.

Durante este tiempo, recurrí a la medicina y a la ayuda psicológica para entender y manejar mejor mi alta energía mental, que hasta entonces había sido mal dirigida. Comprendí también que mi trabajo me generaba una ansiedad abrumadora. Me sentía una impostora entre mis colegas ingenieros, temerosa de ser descubierta y perder mi empleo.

El Después: La Libertad de la Sanidad

Pero entonces, la gracia de Dios se manifestó en mi vida, transformando mi existencia de maneras que nunca hubiera imaginado. Sanada de la agorafobia, las puertas se abrieron de par en par. Conseguí un trabajo a 45 minutos de mi hogar, con un mejor salario. Compré una casa en un pueblo cercano, y luego, fui invitada a regresar a mi antiguo empleo, donde mi salario se duplicó.

Con un temor ahora normal, basado en la comprensión de la voluntad de Dios para mi vida, recibí con corazón abierto las bendiciones que antes hubiera dejado pasar. Trabajé como ingeniera de sistemas durante más de 15 años, ascendiendo a puestos de liderazgo, no por mi fuerza o entendimiento, sino por el poder de Dios actuando en mí.

LA FORTALEZA EN LA SANIDAD

Esta historia no es solo sobre superar un trastorno, sino sobre aprender a vivir con una nueva comprensión de la fortaleza y el amor de Dios. Mi sanidad fue un testimonio de que, con Dios, todas las cosas son posibles. Él no solo me liberó del temor asfixiante, sino que también me enseñó a caminar en Su gracia, confiando en que Su poder es suficiente en mi debilidad.

Así que, sea cual sea tu lucha, recuerda que la mano de Dios está siempre extendida, lista para guiarte desde la oscuridad a la luz, del miedo a la libertad, y de la desesperación a la esperanza. En Él, encontrarás la fortaleza para no solo enfrentar tus miedos sino para triunfar sobre ellos y vivir la vida abundante que Él ha prometido.

Amiga, la fe y la confianza en las promesas de Dios pueden guiarnos a través de los momentos más difíciles hacia la sanidad y la paz.

LA FORTALEZA EN LA ADVERSIDAD

1. **Enfrentando tus temores:** Piensa en un momento de miedo o incertidumbre en tu vida. ¿Cómo podrían las palabras de 2 Timoteo 1:7 ("Porque no nos ha dado Dios espíritu de temor...") cambiar tu enfoque y darte fortaleza?

2. **La oración como herramienta:** Reflexiona sobre cómo la oración diaria y la afirmación de las promesas de Dios pueden ayudarte a superar los temores, como la agorafobia o la ansiedad.

3. **El amor perfecto que expulsa el temor:** ¿Cómo puedes aplicar 1 Juan 4:18 en tu vida para reemplazar el temor con el amor perfecto de Dios?

FORTALEZA PARA DAR A LUZ LOS SUEÑOS

Entre las muchas cosas que se pueden entender y escribir sobre la fe, un tema resuena con una fuerza especial: Dios nos da la fortaleza para dar a luz los sueños. La fe, esa compañera constante en el viaje de la vida, no solo nos sostiene en la espera, sino que también nos impulsa a la acción, a la materialización de las promesas divinas en nuestra existencia.

Reflexionemos sobre Sara, la esposa de Abraham, cuya historia se entrelaza con la fidelidad y el poder de Dios. Durante toda su vida, Sara se aferró a la promesa de Dios, una promesa que parecía más allá de su alcance, más allá de las posibilidades de su realidad. Y cuando finalmente llegó el momento, cuando la promesa se materializó en la forma de un hijo, Sara recibió la fuerza para dar a luz, una fuerza que trascendía su edad, su duda y su miedo.

Hebreos nos lo cuenta así: "Por la fe también la misma Sara, siendo estéril, recibió fuerza para concebir; y dio a luz aun fuera del tiempo de la edad, porque creyó que era fiel quien lo había prometido. Por lo cual también, de uno, y ese ya casi muerto, salieron como las estrellas del cielo en multitud, y como la arena innumerable que está a la orilla del mar." Hebreos 11: 11 (RV1960)

Sara, en su avanzada edad, se convirtió en un testimonio viviente del poder transformador de la fe. Su historia nos enseña que, en Dios, la espera no es un simple pasar del tiempo, sino un prepararse para recibir y dar a luz a los sueños divinos. Con cada amanecer, con cada puesta del sol, Sara se acercaba más a ese milagro prometido, un milagro que sería la semilla de una nación, de una multitud incontable como las estrellas del cielo.

Y así como Sara, nosotros también somos llamados a recibir los regalos de Dios a través del poder de Dios. Zacarías nos lo recuerda: "No por el poder ni por la fuerza, sino por mi Espíritu—dice el SEÑOR de los ejércitos." Nuestra fortaleza no reside en nuestras capacidades, sino en el Espíritu de Dios que mora en nosotros, transformando nuestra debilidad en poder, nuestras dudas en certezas.

La historia bíblica de Sara es un poderoso ejemplo de cómo la fe y la fortaleza que Dios proporciona nos capacita para realizar los sueños y promesas que Él ha sembrado en nuestras vidas.

Así que, querida amiga, cuando te encuentres en la espera, cuando los sueños parezcan lejanos y tu corazón se sienta abrumado, recuerda a Sara. Recuerda que la fortaleza de Dios se hace perfecta en nuestra debilidad, y que con esa fortaleza podemos dar a luz los sueños más extraordinarios, aquellos sueños plantados en nuestros corazones por el mismo Creador de las estrellas.

DAR A LUZ LOS SUEÑOS CON LA FORTALEZA DE DIOS

1. **Reflexión sobre la espera:** ¿Hay algún sueño o promesa en tu vida que aún estés esperando que se cumpla? ¿Cómo puedes encontrar fortaleza en la historia de Sara para mantener la fe en la espera?

2. **Identificando la fuente de tu fortaleza:** ¿De qué manera puedes depender más del Espíritu Santo, y no de tu propia fuerza, para alcanzar los sueños y objetivos que Dios ha puesto en tu corazón?

3. **Viviendo con propósito:** ¿Cómo puede la comprensión de que "no es por fuerza, ni por poder, sino por mi Espíritu" (Zacarías 4:6) influir en la forma en que enfrentas los desafíos diarios y persigues tus metas?

Hemos explorado cómo la transformación, la superación de los temores y la realización de los sueños son posibles con la fortaleza que Dios nos proporciona.

Recordemos que nuestra jornada espiritual no siempre es fácil ni libre de obstáculos. Sin embargo, cada paso que damos, sostenidos por la gracia de Dios, nos acerca más a la plenitud y al propósito para el cual fuimos creados. Las promesas de Dios son faros de luz en nuestro camino, iluminando nuestros pasos incluso en los valles más oscuros. Al aferrarnos a estas promesas, encontramos la fortaleza para seguir adelante, para enfrentar nuestros miedos y para dar a luz los sueños que Él ha sembrado en nuestros corazones.

Que las lecciones aprendidas aquí resuenen en tu corazón. Que las palabras de 2 Timoteo 1:7 y 1 Juan 4:18 sean tus escudos contra el temor. Y que el Espíritu Santo sea tu fuente constante de fortaleza, amor y templanza.

En tus momentos de duda, recuerda que la fortaleza de tu alma proviene de un Dios que nunca te deja ni te desampara. Con cada nuevo amanecer, renueva tu compromiso de confiar en Él, de buscar Su presencia y de vivir en la certeza de que, con Dios, todo es posible.

Que este devocional completo sea un punto de partida para un viaje continuo de crecimiento y descubrimiento espiritual. Que la fortaleza de Dios sea la base sobre la cual construyas una vida de fe inquebrantable, de esperanza inagotable y de amor incondicional.

ORACIÓN JUNTAS:

*Amado Padre Celestial,
Nos acercamos a Ti con corazones llenos de gratitud y almas nutridas por Tu palabra. Te agradecemos por ser la fortaleza inquebrantable en nuestras vidas, la roca sobre la cual podemos construir nuestros sueños y esperanzas.*

Señor, nos maravillamos ante la grandeza de Tu amor y la fidelidad de Tus promesas. Gracias por mostrarnos a través de las historias de fe en Tu palabra, como la de Sara, que nunca es demasiado tarde para que actúes en nuestras vidas, y que Tu poder se perfecciona en nuestra debilidad.

Te pedimos, Padre amoroso, que nos ayudes a recordar siempre que nuestra verdadera fortaleza proviene de Ti. En los momentos de duda o temor, recuérdanos que no nos has dado un espíritu de temor, sino de fortaleza, amor y dominio propio. Ayúdanos a vivir cada día con la confianza de que Tú estás con nosotros, guiándonos, sosteniéndonos y transformando cada dificultad en una oportunidad para crecer en fe y amor. Mientras avanzamos desde aquí, fortalécenos para ser portadores de Tu luz y amor en un mundo que tanto lo necesita. Que nuestras vidas reflejen Tu gracia y Tu verdad, y que podamos ser instrumentos de Tu paz y consuelo para aquellos que nos rodean.

Concede, oh Señor, que mantengamos siempre la mirada fija en Ti, confiando en que Tú guiarás nuestros pasos y cumplirás Tus propósitos en nuestras vidas. Te damos toda la gloria, el honor y la alabanza, hoy y siempre.

En el nombre de Jesús, Amén.

Devocional Soy Mujer Valiosa
Venciendo los desafíos y cultivando las virtudes que nos hacen valiosas en las manos de Dios

JULIA AMANDA

Miembro destacado de
La Academia Guipil: Escribe y Publica Tu Pasión

COMUNIDAD
Mujer Valiosa

SOY MUJER VALIOSA

La búsqueda del amor, la felicidad y la paz

Academia Güipil
- ESCRIBE Y PUBLICA -
Tu Pasión

CON REBECA SEGEBRE

Escribe palabras que impacten y transformen vidas.

AcademiaGuipil.com

Comunidad · Inspiración · Desarrollo

CAMINANDO CON FE EN LA SOMBRA DEL MIEDO

LECCIONES DE MOISÉS PARA LA VIDA MODERNA

—¡Pero SEÑOR!—contestó Moisés—, si mi propio pueblo ya no quiere escucharme, ¿cómo puedo esperar que me escuche el faraón? ¡Soy tan torpe para hablar!
Éxodo 6:12(NTV)

En este versículo bíblico, Moisés reconoce su debilidad, algo que él cree que le impedirá llevar a cabo el propósito de la acción que el Señor le ha mandado hacer. La traducción directa de mi Biblia en ingles dice: Moses le dijo al Señor: 'Si los israelitas no me escuchan, ¿por qué me escuchará el faraón, ya que hablo con labios vacilantes?'

Probablemente tu conoces esta historia: un niño que fue dejado en una canasta por su madre, que a la deriva subió por el río Nilo con la esperanza de salvarlo del destino que todos los bebés israelitas primogénitos enfrentaron ese año: la muerte. Este niño fue adoptado por la hija del propio faraón quien fue el que emitió la orden de matar a los niños. Fue así por medio de la adopción de esta princesa que este bebe destinado a la muerte se convirtió en egipcio y parte de la familia real.

Puede que también conozcas la historia de cómo Moisés mató a un egipcio en un arrebato de rabia para defender a un israelita de ser golpeado. También podrías estar familiarizada con cómo Moisés huyó de Egipto por miedo, pasando muchos años en Madián, en el desierto incluso construyó una nueva vida con una mujer de esa región, se dedicó a cuidar un rebaño y cuyo padre lo hospedó y salvo durante ese tiempo.

También puede que conozcas la historia de cómo Dios se le apareció a Moisés en toda su gloria con una voz atronadora proveniente de un arbusto en llamas. Dios le dijo a Moisés acerca de la gran tarea y llamado que lo había encargado: salvar a su pueblo de la opresión de Egipto y liberarlos de la esclavitud.

¿CÓMO LO HARÍA, PODRÍAS PREGUNTARTE? Y LA RESPUESTA PODRÍA SER:

- ¿Quizás con un ejército de grandes guerreros con superpoderes otorgados por Dios mismo?

- ¿Tal vez con algunos Sansones listos para destrozar al ejército egipcio y luchar por la libertad de los israelitas?

No, en realidad no. A Moisés se le encomendó acercarse al faraón actual, su hermano, con la ayuda (probablemente escéptica) de los ancianos israelitas, y presentarse delante de el para decirle que dejara ir a los israelitas, a quienes Egipto había subyugado en esclavitud durante cientos de años.

Ahora bien, Moisés estaba razonablemente escéptico y preocupado, como todos lo estaríamos ante una tarea tan importante. Sé que yo estaría temblando en mis botas ficticias de combate. Me oigo decir: "¿Yo, Dios? ¿Yo? No tengo inmunidad diplomática como para ser vocera de una nación". Pero, además, puedo imaginar pensamientos posiblemente aún más preocupantes en Moisés: "Lo que quiero decir, Dios, es, ¿recuerdas que maté a un egipcio? ¿Crees que el faraón me escuchará? Y no solo eso, ¿realmente escucharía un israelita lo que tengo que decir?"

No soy la única agradecida hoy de que Dios no presta demasiada atención a nuestras quejas y temores, ya que Él es un Dios todopoderoso que encuentra fuerza donde no hay, construyendo fortaleza en los más débiles. Agradezco que, aunque me sienta débil, como si no supiera lo que estoy haciendo, como un líder inadecuado, aún puedo confiar en que Dios tiene un gran plan para mí, que me traerá la victoria a través de Su plan, incluso si las cosas no parecen ir muy bien ni a mi favor.

A PESAR DE LAS QUEJAS DE MOISÉS, DIOS RESPONDIÓ.

Cuando Moisés dijo: "¿Y si no me creen ni me escuchan, y dicen: 'El Señor no se te apareció'?", Dios estaba listo. Le dijo a Moisés que pusiera su vara en el suelo, ¡y se convirtió en una serpiente! Luego le indicó a Moisés que metiera la mano en su manto, ¡y se volvió blanca, con piel leprosa! Una vez que la reintrodujo en el manto, quedó curada. Finalmente, si no le creían después de esos actos, dijo: "Toma agua del Nilo y derrámala en el suelo seco. El agua que tomes del río se convertirá en sangre en el suelo".

En esta época en que vivimos, la gente es muy desconfiada, y cualquier posición de liderazgo que implique convencer a las personas de tus ideales o tratar de moverlas a la acción es extremadamente difícil, incluso si ya los conoces y aunque les agrades. Hablarles a las personas acerca de tu Dios hace que la religión se convierta en un tema candente, es tabú. Puedo imaginar el miedo que llenó a Moisés al pensar en entrar en una habitación llena de israelitas como alguien a quien ellos veían realmente como un egipcio, alguien a quien no conocen, y decirles que Su Dios, a quien él llama suyo, lo llamó y le dijo que los liberaría de la esclavitud y opresión.

No solo era un hecho que Moisés tenía miedo de que la gente no le creyera, sino que adicionalmente tartamudeaba. No era elocuente; no podía dar un discurso carismático como esos abogados en la televisión. ¡Tenía problemas para hablar con la gente! Y cuanto más leo sobre él, más me doy cuenta de que me identifico mucho. Odio hablar en público; siempre me pongo extremadamente avergonzada, y a pesar de practicar bastante y muy a menudo, parece que no avanzo en absoluto.

Recientemente, me presenté a las pruebas para el equipo de "simulación de juicios" en mi universidad porque siempre ha sido mi sueño ser abogado. En este equipo, recreamos juicios ficticios con estudiantes de otras universidades. Realmente deseaba estar en el equipo, así que audicioné. Pero la cuestión es que tartamudeo mucho cuando hablo; empiezo a sudar, a ruborizarme, todas las reacciones que podría tener, las tengo. A pesar de esto, aún quiero poder hablar, así que apreté los dientes y preparé un discurso para mi audición. El discurso trataba sobre mi introversión y cómo no impediría mis habilidades para hablar en público.

El día de mi audición fue un desastre; me atrasé durante el día, así que corrí todo el camino al edificio donde se llevaba a cabo la audición, llegué tarde y entré jadeando y goteando de sudor. Durante mi discurso, sabía que tartamudearía y sonaría muy sin aliento. Salí de allí sintiéndome como un fracaso. Pero me alegré de haberlo hecho.

Unas horas después, recibí una llamada del presidente del equipo diciéndome que había sido aceptada, entre 40 candidatos. Estaba extremadamente emocionada, pero después de que la euforia se disipó, me quedé preguntándome por qué me eligieron.

Vi a muchos otros que eran mucho más calificados que yo. No tartamudeaban; no sudaban ni se sonrojaban mientras hablaban de cosas aparentemente mundanas. No podía entenderlo, pero estaba extremadamente agradecida. Me fui alabando a Dios por esa victoria y aún así cuando participé en esas competiciones, lo hice con un ligero tartamudeo, aunque afortunadamente no tan sin aliento.

Cuando Moisés escuchó lo que Dios le había mandado hacer, dijo: "Nunca he sido elocuente, ni en el pasado ni desde que has hablado a tu siervo. Soy torpe de lengua y lento de habla". Después de conocer un poco sobre mí, probablemente puedas ver por qué me identifico con Moisés aquí. Pero también me encanta la respuesta de Dios: "El Señor le dijo: '¿Quién dio a los seres humanos sus bocas? ¿Quién los hace sordos o mudos? ¿Quién les da vista o los hace ciegos? ¿No soy yo, el Señor? Ahora ve; yo te ayudaré a hablar y te enseñaré lo que debes decir'".

Puedo imaginar que esto pasó por la mente de Moisés: "Está bien, sí, tiene sentido. Dios me va a ayudar, me dirá qué decir. Pero aún tengo miedo, ¡y esto son apuestas extremadamente altas! Si digo algo equivocado, si no soy lo suficientemente convincente o elocuente, toda una nación se verá afectada".

¿Alguna vez te has sentido abrumado por el miedo? Como si hubiera tantas cosas que podrían salir mal, que si cometes un solo error, tu vida se vendría abajo como un castillo de naipes. Es difícil. Ahora multiplica esto por 100 y obtendrás la perspectiva de Moisés.

Probablemente conozcas el final de la historia: la presión que el Señor ejerció sobre los egipcios, cómo finalmente el faraón dejó ir a los israelitas, los persiguió, y cómo Moisés levantó su vara y el Mar Rojo se dividió.

Esta historia continúa por un tiempo, pero lo que quiero destacar es el miedo de Moisés y el hecho de que Dios trabajó con él. Moisés se acercó al faraón acompañado por su hermano Aarón, quien lo ayudaba a hablar, además de contar con la ayuda del Señor. A pesar de los nervios y de lo asustado que estaba, Moisés aún se acercó al faraón; aún hizo su parte en los planes del Señor, teniendo fe en Su promesa.

A veces, tienes que caminar incluso cuando tienes miedo. Tener fe en Dios no significa que no tendrás miedo a veces. Puede que tengas miedo de no ser suficiente, pero ten fe en que Dios te eligió, que estará allí en cada paso del camino, al igual que lo estuvo con Moisés. Lidera, incluso si tienes miedo, incluso si no puedes deshacerte de ese tartamudeo o no tienes la mayor elocuencia.

Dios es el Alfa y la Omega, el creador de todas las cosas, y está de tu lado. Confía en Él y en Su plan, incluso si no lo entiendes completamente.

ORACIÓN JUNTAS:

Padre Celestial, en momentos de duda y temor, recordamos la historia de Moisés y encontramos consuelo en Tu guía constante. Ayúdanos a confiar en Tu plan, incluso cuando nos sentimos inseguros o temerosos.

Danos la fuerza para enfrentar nuestros desafíos con fe, sabiendo que Tú estás a nuestro lado en cada paso del camino. Enséñanos a liderar con humildad y valor, reconociendo que nuestra capacidad proviene de Ti.

Aunque no siempre entendemos Tu plan, confiamos en Tu sabiduría y amor. En el nombre de Jesús, Amén.

Academia Güipil
– ESCRIBE Y PUBLICA –
Tu Pasión
CON REBECA SEGEBRE

Escribe palabras que impacten y transformen vidas.

AcademiaGuipil.com

Comunidad · Inspiración · Desarrollo

MI VICTORIA ANTE EL MENOSPRECIO:
ENCONTRANDO FORTALEZA Y PROPÓSITO EN EL ABRAZO DEL PADRE

"Porque no nos ha dado Dios un espíritu de cobardía, sino de poder, de amor y de dominio propio."
2 Timoteo 1:7 (NVI)

Durante una celebración navideña en un refugio temporal para niños, viví una experiencia que me brindó una liberadora enseñanza del Padre Celestial. Mientras repartíamos regalos, noté a una pequeña niña en una esquina, sola y temerosa, reacia a acercarse a pesar de las invitaciones de las voluntarias alegres y amables. Me acerqué a ella y le informé que había un regalo esperándola. Su rostro se iluminó con una alegría inmensa al preguntar: "¿De veras tienes algo para mí?". Al ofrecerle acompañarla, aceptó con entusiasmo ir a recibir su obsequio.

Esta experiencia me recordó que muchos niños han sufrido traumas profundos a manos de aquellos que debían protegerlos, generando en ellos desconfianza. A menudo, aprenden desde muy pequeños que algunas personas les ofrecen regalos a cambio de actos incómodos o deshonestos.

Muchas niñas optan por cerrar sus corazones, ya que, en el pasado, al abrirse, solo encontraron dolor. Yo fui una de esas niñas. Ese rechazo en mi infancia ahora me permite identificar el miedo, la desconfianza y el menosprecio en otros. Esta desconfianza puede persistir en distintas etapas de la vida. Tanto jóvenes como mujeres adultas que asisten a grupos de apoyo a menudo expresan: "No sé cómo recibir tus palabras. Nadie me ha dicho antes que soy amada o una buena persona. Me enojo cuando me dices que puedo lograr grandes cosas porque algunos me han dicho que no soy capaz de hacer nada bien". Tal vez te sientas identificada con estas palabras o conozcas a alguien que se vea reflejado en ellas.

¿ALGUNA VEZ TE HAS ENFRENTADO AL MENOSPRECIO?

El menosprecio puede manifestarse como el miedo a no ser aceptada, a ser lastimada, rechazada, ridiculizada o considerada incapaz. Sin embargo, también puede traducirse en un sentimiento de superioridad, llenando el corazón de orgullo y soberbia. En esta reflexión, no me enfoco en el menosprecio que podemos sentir hacia otros, sino en aquel que puede crecer en nuestro propio corazón. Es ese menosprecio que nos hace escuchar las voces del pasado que nos dicen: "No sirves para nada", "Solo vives soñando", "Esos planes no son para ti", "¿Con qué dinero vas a lograr eso?".

Comentarios que nos desaniman y ponen en peligro nuestra fe y la confianza que debemos tener en Dios, conscientes de que nuestros logros y oportunidades provienen de Él.

El miedo paraliza, y es crucial ser honestas con nosotras mismas y preguntarnos: ¿A qué le tengo miedo? Al temer, le damos poder sobre nosotras. Dios nos recuerda constantemente:

"Pues Dios no nos ha dado un espíritu de temor y timidez, sino de poder, amor y autodisciplina." - 2 Timoteo 1:7 (NTV)

El menosprecio camina de la mano con el miedo al rechazo y al juicio, pero Jesús es el ejemplo perfecto de cómo vencerlo, dependiendo totalmente del Padre. Imagina por un momento la burla, el ridículo, el acoso y el sufrimiento físico y emocional que Jesús experimentó al cumplir con su misión de rescate. Algunos todavía ven a Jesús con lástima en la cruz, pero tú y yo sabemos que Él venció al tercer día con su resurrección, y aquellos que se burlaron, que pensaron haberlo vencido, hoy temen solo al escuchar Su nombre.

"Nuestra lucha no es contra personas, sino contra los mismos enemigos espirituales de Dios."
Efesios 6:12 (NTV).

Debemos ser constantes en la oración, la lectura y el tiempo con Dios, pues así podemos ver el verdadero estado de nuestro corazón. Las personas que han vivido el rechazo pueden desarrollar codependencia y crear expectativas falsas sobre lo que los demás deberían hacer por ellas. Por ejemplo, en una actividad con más de mil personas, es casi imposible que cada una reciba una llamada personalizada.

Sin embargo, hay quienes deciden abandonar una actividad bendita porque, según su percepción, nadie se tomó el tiempo de llamarlas, aunque se hayan hecho anuncios en redes sociales. El auto-menosprecio también puede llevar a la soberbia, bloqueando la habilidad de resolver conflictos directamente. Darle la razón al complejo solo permite que la persona permanezca estancada en lugar de crecer, sanar y madurar. Si decidimos ayudar, podemos expresar asertivamente la verdad y sugerir: "Quizás lo percibes así, puedes comunicarte directamente y averiguar qué sucede", deteniendo la autovictimización, que también es un fruto del autosabotaje y el menosprecio hacia uno mismo.

LLAMADAS A VIVIR EN ARMONÍA

Dios nos invita a vivir en armonía, a controlar nuestro orgullo y a disfrutar de la compañía de quienes nos rodean. Estar alertas al menosprecio puede provocar que levantemos un escudo defensivo ante los demás, creyendo que lo sabemos todo. Recordemos lo que nos dice Romanos 12:16 (NTV): *"Mantengamos una actitud humilde"*.

En este mundo, es imposible agradar a todos o que todo sea perfecto. Descansar en la justicia de Dios es una forma de responder a la frustración y al deseo de control. La verdad, la firmeza y la integridad son contrarias a quienes eligen vivir en el engaño. Por eso, debemos ser honestas con nosotras mismas y buscar la raíz de todo miedo.

A veces, nuestros enemigos espirituales creen más en nuestras habilidades y talentos de lo que nosotras mismas creemos. Pueden ver lo que Dios ha depositado en ti y considerarte una amenaza. Dios te ha dado poder, y hoy puedes decidir liberarte del menosprecio, entregando tus miedos a Dios y confiando plenamente en el Padre, quien tiene planes maravillosos para nuestras vidas. Nos levantamos confiadas, sabiendo que la luz de Dios brilla ante cualquier obstáculo.

"Levántate, resplandece, porque ha llegado tu luz, y la gloria del Señor brilla sobre ti." Isaías 60:1 (NVI).

Fue en la presencia de Dios donde descubrí la tarea de escribir un libro. Le doy gracias al Señor porque, aun sin saber cómo lo lograría, decidí confiar en que Él me acompañaría en esta misión y que no debía temer ni sentirme incapaz de realizar el llamado de Dios. Sabía que Dios me había dado el don de escribir, pero enfrenté inseguridades al escribir mi primer libro, "*De Huérfanos a Hijos: Encontrando el Corazón de un Padre*". A través de esta tarea, Dios sanó mis miedos, sentimientos de rechazo, abandono y menosprecio. Durante el proceso, el Espíritu Santo me guió a sentirme segura y protegida. Hoy, trabajo en mi segundo libro, "Perseverancia y Sabiduría: Herramientas Esenciales para Vencer Obstáculos", donde Dios me ha enseñado a enfrentar los desafíos diarios con decisiones sabias y perseverancia, reafirmando mi identidad como hija amada por Dios.

He aprendido la importancia de rodearme de personas, amigos, amigas y mentores que aman a Dios y me motivan a obedecer al Padre, a servir a los demás y a alcanzar mis objetivos de la mano de Jesús.

La niña que llevo dentro ha sanado, ha madurado y ha aprendido a recibir el amor de su Padre Celestial, un amor que se manifiesta a diario con palabras que sanan, bendicen y elevan mi espíritu.

Sigo aprendiendo de Su mano. Todo cambió el día que decidí salir de mi escondite y aislamiento. Al igual que la niña en la actividad navideña, también necesité de otra mujer, instrumento de Dios, que me recordó cuán amada soy y me animó a recibir los regalos de nuestro Amado Padre.

"Pues yo te sostengo de tu mano derecha —yo, el Señor tu Dios—. Y te digo: 'No tengas miedo, aquí estoy para ayudarte'". Isaías 41:13 (NTV)

Cada paso de este viaje es un testimonio del amor y la fidelidad de Dios. Al igual que la niña que recibió su regalo con alegría y asombro, he aprendido a aceptar con gratitud y esperanza los dones que Dios pone en mi camino. Su amor y guía son mi fortaleza y consuelo en cada etapa de mi vida.

Amiga, en la presencia de Dios, descubrimos nuestra verdadera identidad y propósito. Aprendemos a sanar, a madurar y a recibir amor. Y en ese proceso, nos convertimos en faros de esperanza y luz para aquellos que aún caminan en la sombra de la duda y el miedo. Este viaje no es solo hacia la autoaceptación y la realización personal, sino también hacia una mayor comprensión y amor por los demás, reflejando así la imagen de nuestro Creador en cada paso que damos.

ORACIÓN JUNTAS:

Padre Celestial,

con humildad y gratitud nos acercamos a Ti para darte gracias por cada lección aprendida, por cada momento de crecimiento y por la fortaleza que nos has otorgado en los desafíos de la vida. Gracias por mostrarnos que, incluso en medio del menosprecio y la adversidad, Tú estás con nosotros, sosteniéndonos y guiándonos hacia un amor y una comprensión más profundos.

Señor, te pedimos que sigas sanando nuestras heridas, aquellas visibles y las ocultas en lo profundo de nuestros corazones. Ayúdanos a abrirnos a Tu amor y a aprender a recibirlo sin miedo ni reservas. Que podamos reflejar ese amor en nuestras acciones y palabras, siendo un reflejo de Tu gracia y bondad en este mundo.

Danos la sabiduría para reconocer Tu presencia en cada paso de nuestro camino y la valentía para seguir el llamado que has puesto en nuestras vidas. Que cada historia compartida en este devocional nos inspire a vivir con fe, esperanza y una confianza inquebrantable en Tu plan perfecto para nosotros.

Con cada amanecer, renueva nuestras fuerzas y nuestra fe, y llénanos del Espíritu Santo para que podamos ser luces de esperanza y amor en un mundo que tanto lo necesita. Que nuestras vidas sean testimonio de Tu amor infinito y de Tu poder transformador.

En el nombre de Jesús, Amén.

Devocional Soy Mujer Valiosa
Venciendo los desafíos y cultivando las virtudes que nos hacen valiosas en las manos de Dios

ALFA YAÑEZ

Autora del libro "*El Lado Positivo del Abandono*"
Líder en la *Comunidad Mujer Valiosa*
Miembro destacado de *La Academia Guipil:*
Escribe y Publica Tu Pasión

Publicado por *Editorial Güipil*

EditorialGuipil.com/alfa

Academia Güipil
– ESCRIBE Y PUBLICA –
Tu Pasión
CON REBECA SEGEBRE

Escribe palabras que impacten y transformen vidas.

AcademiaGuipil.com

Comunidad · Inspiración · Desarrollo

LO INVISIBLE, LO INCREÍBLE Y LO IMPOSIBLE

"Te amo, Señor; tú eres mi fuerza."
Salmo 18:1

Durante mi niñez, siempre buscaba el aliento de mis abuelitos Margil y Beatriz antes de cada examen escolar. Al despedirme con un abrazo, les susurraba: "Dime que me irá bien". Y ellos, con cariño, me aseguraban: "Claro que sí, 'mija', vas a sacar 10".

En mi juventud, cuando estudiaba en intercambio en los Estados Unidos, cada llamada dominical a mi mamá concluía con el mismo pedido: "Dime que me irá bien". Ella, con amor, respondía: "Sí, 'mija', tendrás una semana maravillosa".

Ya adulta, seguí buscando esa seguridad en distintas personas: una mentora antes de hablar en público, un jefe para cerrar una venta, mi hermano al pedir un préstamo bancario, o una amiga de la iglesia para interceder en oración por mis necesidades. Hoy, me doy cuenta de que sigo buscando esa misma afirmación, pero ahora la solicito al único que siempre ha estado a mi lado: mi Padre Celestial, a quien tardé en reconocer.

Me preguntaba: ¿Cómo puedo ser hija de Dios? ¿Quién es Jesús? ¿Qué es el Espíritu Santo? Todo lo espiritual me era invisible, nunca supe que somos mente, cuerpo y espíritu. Viví en oscuridad espiritual, como ciega y coja, desequilibrada y confinada en una mente cerrada y un corazón endurecido.

Esa leona enjaulada que creía poder hacerlo todo sola, en realidad era un ovillo de miedos, prejuicios, crítica, resentimiento y silencio. Mis "compañeros" eran la soledad, desconfianza, incredulidad y tristeza. No es de extrañar que nadie se acercara, dado mi semblante de enojo y desilusión. Consciente de mi actitud, me envolvía en capas de orgullo, altanería y soberbia, creyendo ilusamente que así me protegía y que nada ni nadie me harían daño.

Y TE PREGUNTARÁS, ¿QUÉ LE PASÓ QUE ESTABA TAN AMARGADA?

Pues bien, tras un largo proceso, he llegado a la conclusión de que las huellas del abandono por parte de dos personas significativas en mi vida causaron estragos en mí. Estas experiencias me afectaron en diferentes etapas y circunstancias, pero el resultado fue el mismo: un profundo sentimiento de abandono. El abandono por parte de un ser querido deja marcas indelebles, dañando relaciones y destruyendo emociones. Fue después de buscar ayuda de profesionales de la salud, tanto física como mental, que me di cuenta de que arrastraba todos esos sentimientos desde la infancia. La situación alcanzó su punto álgido cuando cumplí 50 años, desencadenando un cambio radical en mi vida. Estaba tan abrumada, que algo increíble sucedió.

Un día, de manera inesperada, una compañera de trabajo se me acercó en la cocineta de la oficina y me dijo: "Dios quiere darte un abrazo y me ha pedido que te lo dé". Conmovida, acepté el abrazo y, desde ese momento, quise saber más sobre Él. Comencé asistiendo a cafés con conferencias para mujeres, a talleres gratuitos, y a reuniones dominicales. Cuanto más participaba, más deseaba ser como esas señoras que veía, felices y llenas de gozo, a pesar de enfrentar problemas difíciles de todo tipo.

Es asombroso cómo Dios comienza a obrar en ti, transformándote, y todo lo que yo necesitaba era creer en Jesús y aceptarlo como mi Salvador. Dios siempre había sido mi escudo protector, pero yo no lo sabía. En realidad, Él nunca se apartó de mi lado, incluso en aquellos momentos en que buscaba la afirmación de alguien de que todo iría bien. Dios ya había ganado la batalla por mí.

Es importante recalcar que Dios no promete eliminar las adversidades de nuestras vidas, pero sí nos promete dar la fortaleza para enfrentarlas. El gran salmista, el Rey David, lo expresa hermosamente en el Salmo 18:32-33,35, diciendo:

"Dios es el que me ciñe de poder y hace perfecto mi camino. Él hace mis pies como de ciervas y me hace estar firme en mis alturas... Me has dado el escudo de tu salvación, y tu diestra me ha sostenido."

Esta verdad resonó en mi corazón y me permitió ver mi vida desde una perspectiva diferente. Comprendí que, con Dios a mi lado, podía enfrentar cualquier desafío y superar los obstáculos que antes me parecían insuperables.

A través de la fe y la aceptación de Jesús en mi vida, empecé a experimentar una transformación interna, una paz que nunca antes había sentido y una fortaleza que no sabía que poseía.

Te animo a que, si aún no conoces a Dios (y ya te he compartido cómo estaba yo), con solo un poco de fe puedes transformar esa vida que ya no deseas, o salir de tu zona de confort para alcanzar esos sueños que tanto anhelas. ¡Es hora de desempolvarlos!

Recuerda que eres una hija de Dios. Él te ama, y si aún no lo conoces o te has alejado de Él, te invito a acercarte. Él te espera con los brazos abiertos. En mi vida, Él ha sido mi fortaleza, y estoy segura de que también puede serlo en la tuya.

Esta relación con Dios no solo ha sido un refugio en tiempos de tormenta, sino también una fuente de alegría y satisfacción en los momentos de paz. Él ha llenado mi vida de un propósito y significado más profundos, transformando cada aspecto de mi existencia. Por tanto, te aliento a dar ese paso de fe hacia Él y experimentar por ti misma la maravillosa transformación que solo Dios puede ofrecer.

ORACIÓN JUNTAS:

Señor, te doy gracias por tu amor inagotable, por hacer posible lo que para mí es imposible. Clamo a Ti en oración diciendo: "Dime que me irá bien", y Tú me respondes con tu bendición y gracia.

Gracias, Padre, por tener un oído siempre atento y un corazón dispuesto a escuchar mis peticiones. Mi único deseo es obedecerte en amor y servicio, seguir tus enseñanzas y reflejar tu amor en cada aspecto de mi vida. Mi corazón confía plenamente en Ti, sabiendo que eres mi fuerza y de Ti recibo toda la ayuda que necesito.

Que se haga Tu voluntad siempre, en cada paso que doy, en cada decisión que tomo. En el nombre de tu hijo Jesús, quien nos enseñó el camino del amor y la redención, yo oro y confío. ¡Amén!

Esta oración es un recordatorio de la fidelidad y el poder de Dios en nuestras vidas. Que su amor y guía sean la luz que nos guíe en cada jornada, llenando nuestros corazones de paz, fortaleza y alegría verdadera.

Devocional Soy Mujer Valiosa
Venciendo los desafíos y cultivando las virtudes que nos hacen valiosas en las manos de Dios

SANDRA ZHININ

Miembro destacado de
La Academia Guipil: Escribe y Publica Tu Pasión

COMUNIDAD
Mujer Valiosa

SOY MUJER VALIOSA

La búsqueda del amor, la felicidad y la paz

Academia Güipil
— ESCRIBE Y PUBLICA —
Tu Pasión

CON REBECA SEGEBRE

Escribe palabras que impacten y transformen vidas.

AcademiaGuipil.com

Comunidad · Inspiración · Desarrollo

LA NAVIDAD DE SHANITA

"Instruye al niño en su camino, y aun cuando sea viejo no se apartará de él."
Proverbios 22:6

La Navidad de Shanita es un recuerdo que todavía resuena en mi corazón con una dulzura y una lección que el paso del tiempo no ha logrado desvanecer. Era una fría mañana de diciembre en nuestro pequeño pueblo, donde los días transcurrían entre el cuidado de ovejas, perros y vacas.

Shanita, con tan solo seis años, llevaba la responsabilidad de estos animales con una madurez que desafiaba su corta edad.

Aquella Navidad sería diferente. La emoción comenzó a agitarse en su corazón cuando un amable desconocido le habló de un evento mágico: la llegada de un carro grande, conducido por un Papá Noel generoso, lleno de juguetes. En nuestra comunidad, donde las festividades eran sencillas y los regalos escasos, la noticia de recibir juguetes era algo inaudito, casi un milagro.

Shanita, llevada por la emoción y la anticipación, dejó a las ovejas a su suerte y, tomada de la mano de su hermana, se unió a sus primos y otros niños del pueblo en una espera que parecía eterna. Los minutos se convertían en horas bajo el cielo invernal, mientras la imaginación de los niños pintaba escenarios de alegría y sorpresas.

Finalmente, el sonido de una bocina rompió el silencio del campo. Los ojos de Shanita se iluminaron al ver acercarse un carro grande y rojo, tan elegante y majestuoso que parecía salido de un cuento de hadas. El carro se detuvo, y el aire se llenó de risas y gritos de alegría. Uno por uno, los niños recibieron un juguete. Cuando llegó el turno de Shanita, sus pequeñas manos temblorosas acogieron una muñeca, el primer juguete que había tenido en su vida.

Mirando al cielo, con lágrimas de gratitud en sus ojos, Shanita murmuró una oración de agradecimiento. Bautizó a su muñeca como Anita, un nombre que resonaría en su memoria como símbolo de esperanza y felicidad. Aquel día, Shanita aprendió una lección invaluable: la importancia del agradecimiento, incluso por las cosas más pequeñas. Como dice Tesalonicenses 5:18, debemos "dar gracias en todo, porque esta es la voluntad de Dios para nosotros en Cristo Jesús".

La historia de Shanita nos recuerda que, en nuestra infancia y a lo largo de la vida, debemos siempre dar gracias por todo lo que nos rodea. La felicidad genuina de Shanita con solo una muñeca contrasta con la abundancia de juguetes que muchos niños tienen hoy. Su historia nos invita a reflexionar sobre la verdadera esencia de la gratitud y el valor de apreciar cada bendición, grande o pequeña, que la vida nos brinda.

La alegría inicial de Shanita con su nueva muñeca, un regalo inesperado en aquella Navidad memorable, pronto se vio ensombrecida por una tragedia inesperada. Tras horas de juego y distracción, se percató de que sus ovejas habían desaparecido. La búsqueda frenética en la penumbra creciente solo intensificó su miedo a la oscuridad. Cuando descubrió a lobos devorando a una de sus ovejas, el miedo y la desesperación se apoderaron de ella. A pesar de su valiente intento de ahuyentar a los lobos con piedras, era demasiado peligroso, y Shanita, con tan solo seis años, se encontró corriendo por su vida.

El regreso a casa fue un viaje solitario y sombrío, con solo su muñeca como compañía. La incertidumbre y el temor de enfrentar a sus padres, al haber perdido a las ovejas, pesaban sobre ella. Su hermana mayor, al escuchar la noticia, compartió su dolor y lágrimas. La llegada de su padre, ebrio, solo añadió más tensión a una noche ya cargada de emociones.

Al amanecer, Shanita se levantó con la determinación de encontrar a sus ovejas, mientras su padre, ajeno a la situación, tomó un camino diferente. El hallazgo de las ovejas a unas cuadras de distancia trajo un breve alivio, pero este se desvaneció al saber que habían causado daños en un maizal vecino, lo que resultó en una carga financiera para la familia.

La vida de Shanita, una niña en el campo, ilustra las realidades multifacéticas de la vida rural y la gran responsabilidad que a menudo recae sobre los jóvenes. Esta historia nos invita a reflexionar sobre la esencial supervisión parental, la protección y la educación que todo niño merece.

Como padres, se nos confía la noble tarea de guiar a nuestros hijos. Proverbios 22:6 dice: "Instruye al niño en su camino, y aun cuando sea viejo no se apartará de él." Esta escritura nos anima a enseñar y guiar a nuestros hijos con amor y sabiduría, estableciendo un fundamento sólido en sus vidas.

La historia de Shanita nos recuerda que aunque los tiempos cambian, nuestro amor, respeto y cuidado por nuestros hijos deben permanecer inquebrantables. Efesios 6:4 nos insta: "Y ustedes, padres, no provoquen a sus hijos a ira, sino críenlos en la disciplina e instrucción del Señor." Esto significa equilibrar las responsabilidades con el disfrute de la infancia y la juventud, proporcionando un entorno donde puedan crecer de manera segura y feliz.

Debemos discernir lo que es mejor para nuestros hijos, recordando que cada niño es un regalo único de Dios. Filipenses 4:6-7 nos aconseja: "No se inquieten por nada; más bien, en toda ocasión, con oración y ruego, presenten sus peticiones a Dios y denle gracias. Y la paz de Dios, que sobrepasa todo entendimiento, cuidará sus corazones y sus pensamientos en Cristo Jesús." Esto nos enseña a buscar la sabiduría de Dios en nuestra crianza, confiando en Su dirección y cuidado.

ORACIÓN JUNTAS:

Padre Celestial, te damos gracias por el regalo de la paternidad. Te pedimos sabiduría para guiar a nuestros hijos por el camino que deben seguir. Ayúdanos a encontrar el equilibrio entre disciplina y amor, responsabilidad y diversión.

Que podamos criar a nuestros hijos en un ambiente de amor y respeto, siendo ejemplos de tu amor y gracia en sus vidas. Protégelos y guíalos en cada paso de su camino. En el nombre de Jesús, Amén.

Devocional Soy Mujer Valiosa
Venciendo los desafíos y cultivando las virtudes que nos hacen valiosas en las manos de Dios

WILMARIE ALBINO

Miembro destacado de
La Academia Guipil: Escribe y Publica Tu Pasión

Academia Güipil
- ESCRIBE Y PUBLICA -
Tu Pasión
CON REBECA SEGEBRE

Escribe palabras que impacten y transformen vidas.

AcademiaGuipil.com

Comunidad · Inspiración · Desarrollo

FLORECER EN EL DESIERTO: ENCUENTROS CON DIOS EN LA SOLEDAD

"Pero él me dijo: 'Mi gracia es suficiente para ti, pues mi poder se perfecciona en la debilidad'. Por lo tanto, me gloriaré más bien en mis debilidades, para que el poder de Cristo repose en mí."
2 Corintios 12:9 (NVI)

Parecía que mi vida marchaba con normalidad. Había caído en una rutina diaria típica, trabajando dentro y fuera de casa, disfrutando de mis hijos adultos y cuidando de mi preciosa nieta, un regalo divino. Mi situación laboral cambió cuando mi contrato de los últimos dos años finalizó, pero no me preocupaba demasiado, ya que tenía una pensión. Sin embargo, apenas un mes después, un incidente inesperado desató un conflicto familiar que trajo consigo desasosiego, soledad, angustia, desesperación e impotencia.

Entonces, en medio de mi fragilidad, experimenté lo que nunca antes había sentido: un ataque de pánico. Una sensación abrumadora que me llevó a pedir ayuda a mi hijo mayor. Con su consuelo, logré calmarme, y aunque rechacé la idea de buscar atención médica, en mi desesperación solo pude orar: "Ay Dios mío, quítame esto".

Refugiada en mi habitación, mi amiga fiel, una sierva de Dios y gran intercesora, llegó a mi lado. "T*u hijo me llamó*", dijo, "*vine de la iglesia directamente a verte*". Juntas, compartimos la Palabra de Dios y oramos, apoyándonos en Santiago 5:16. Aunque encontré consuelo, la tristeza y la angustia persistían.

LAS NOCHES SE VOLVIERON LARGAS Y SOLITARIAS

Me preguntaba por qué atravesaba esta prueba, rodeada de un silencio ensordecedor, sin trabajo, sin el cuidado de mi nieta, y con pensamientos agobiantes. Comencé a llenar mis días con música sacra y servicios de iglesias en línea para fortalecer mi fe. Siempre había orado en cualquier lugar y momento, pero Dios estaba pidiendo algo más de mí.

Un día, en la quietud de mi soledad, Dios me habló claramente: "Separa tiempo para estar conmigo". Fue un llamado a profundizar mi relación con Él, a dedicar momentos específicos para la oración y la meditación.

En la soledad, en el silencio de mi habitación, descubrí que los desiertos de la vida son en realidad jardines donde Dios nos habla más cerca. En estos lugares solitarios, aprendemos a escuchar su voz y a depender totalmente de su gracia y amor.

La palabra de Dios dice: "*Clama a mí y yo te responderé y te enseñaré cosas grandes y ocultas que tú no conoces.*"
- Jeremías 33:3 (NVI)

Este versículo refleja la promesa de Dios de responder a nuestras oraciones y revelarnos su sabiduría y planes, incluso en medio de situaciones difíciles y desafiantes. Es un recordatorio de que, al buscar a Dios en oración y fe, Él nos guiará y nos mostrará su poder y propósito en nuestras vidas.

DESARROLLANDO UN HÁBITO DE ORACIÓN:

Tomé la decisión consciente de orar más. Al principio, arrodillarme durante diez minutos parecía un desafío, pero poco a poco, ese tiempo fue creciendo. Llegó el día en que oraba durante una hora, y para mi sorpresa, se sentía tan breve como aquellos primeros diez minutos. Descubrí que en la obediencia está la bendición. Dios, en su infinita gracia, alivió mi angustia y desesperación. Me encontró en mi desierto y me llenó de su consoladora paz, tal como promete Filipenses 4:7.

EXPERIMENTANDO LA PAZ DE DIOS

Las noches de insomnio se convirtieron en descanso y sonrisas. Comencé a compartir con otros lo que Dios había hecho en mi vida. Aprendí que los desiertos no son lugares para quedarnos estancados, sino para crecer y avanzar a un nuevo nivel en nuestra fe.

Como lo dice el verso: *"Pero él me dijo: 'Mi gracia es suficiente para ti, pues mi poder se perfecciona en la debilidad'. Por lo tanto, me gloriaré más bien en mis debilidades, para que el poder de Cristo repose en mí."*
- 2 Corintios 12:9 (NVI)

Este versículo resuena profundamente conmigo, enfatizando cómo Dios trabaja a través de nuestras debilidades y luchas. Muestra que en nuestras mayores dificultades y desafíos, la gracia de Dios es suficiente y su poder se manifiesta plenamente, lo que nos lleva a una mayor dependencia y confianza en Él.

ENFRENTANDO UN NUEVO DESAFÍO

A pesar de mi gozo renovado, enfrenté otro desafío: me diagnosticaron un problema de vesícula que requería cirugía. Normalmente evitaba los procedimientos médicos, prefiriendo remedios naturales. Pero esta vez, sentí que Dios tenía un plan diferente para mí.

UN ENCUENTRO DIVINO

Durante un Congreso de Jóvenes, experimenté un encuentro divino. Una mujer frente a mí recibió una poderosa ministración por sanidad. Cerré mis ojos mientras oraban por ella, sin haber compartido a nadie sobre mi situación médica. Pero Dios, conocedor de todas nuestras necesidades, intervino milagrosamente. Sentí una mano tocando la zona de mi vesícula, aunque cuando intenté abrir los ojos para ver quién era, algo me lo impidió.

LA CONFIRMACIÓN DEL MILAGRO

Después de la oración, pregunté a mi amiga y primo si habían sido ellos quienes me tocaron, pero ambos negaron haberlo hecho. Mi primo sugirió que podría haber sido el profeta, pero él mismo estaba con los ojos cerrados durante la oración.

Hoy le agradezco al Padre Celestial, por cada momento de oración, por cada instante en que me encuentro con El. Doy gracias por los milagros, tanto los que son visibles como los que suceden en secreto. Este viaje de fe me ha enseñado que Dios obra de maneras misteriosas y maravillosas. Su presencia es real y su poder de sanidad va más allá de nuestra comprensión. En cada paso de obediencia, en cada acto de fe, Él está listo para encontrarnos y mostrarnos su amor y su poder.

DESCUBRIMIENTO Y CONFIRMACIÓN DE LA SANIDAD

En los días siguientes, impulsada por la curiosidad y la fe, busqué la grabación del servicio en las redes sociales de la iglesia. Al revisar el video de la ministración, descubrí con asombro que ningún ser humano me había tocado. ¡Gloria a Dios! Él mismo había intervenido en mi vida. En ese momento de gozo y gratitud, me postré en adoración, agradeciendo a Dios por su fidelidad inquebrantable. Capturé ese instante en pantalla y lo compartí con mi amiga y mi hijo menor, como testimonio del poder sanador de Dios.

TESTIMONIO A LA FAMILIA

Mi hijo, al saber de mi operación pendiente, me había animado a confiar en Dios. Ahora, podía mostrarle cómo Dios había obrado milagrosamente en mí. Este era un cumplimiento de Santiago 1:12, que nos habla de la bendición que viene al soportar pruebas.

SANIDAD ANTERIOR Y RECONOCIMIENTO DE OTROS

Solo dos meses antes, Dios había obrado otro milagro en mi salud. Un médico confirmó mi sanidad de una condición que había llevado durante cuatro años, diciéndome: "Estás sana, como una niña". Era evidente que Dios estaba moviéndose poderosamente en mi vida.

IMPACTO EN LAS RELACIONES:

Mi segundo hijo, sirviendo lejos en el ejército, notó un cambio en mí. Incluso amigos que solo me veían a través de videollamadas comentaban sobre mi apariencia radiante y transformada. Esto es lo que hace Dios en nosotros, como dice Mateo 5:14-16, nos hace brillar su luz a través de nuestra vida.

INVITACIÓN A UNA RELACIÓN MÁS PROFUNDA CON DIOS

Te animo a que decidas intimar más con Dios. Al hacerlo, permitimos que su grandeza se manifieste en nosotros. Dios nos ha dado el libre albedrío para elegir cómo vivir nuestras vidas. Cuando dedicamos tiempo a estar con Él, su poder se glorifica en nosotros, tal como lo enseña 2 Corintios 12:9.

Crear un hábito de separar tiempo para Dios y desarrollarlo en una disciplina de oración continua nos lleva a un nivel espiritual más profundo. Dios honrará tu compromiso en público, y otros notarán el cambio en ti. Conectarse con Dios activa su plan perfecto para nuestras vidas. Él nos provee las herramientas necesarias para crecer y madurar.

Amiga, la pregunta "¿Por qué estoy viviendo esto?" se transformó en "¿Para qué estoy viviendo este desierto? ¿Cuál es el propósito de Dios?".

El desierto no es un lugar de muerte, sino un espacio para el crecimiento y la preparación para lo que Dios tiene planeado para nosotros.

ORACIÓN JUNTAS:

Señor, gracias por mostrarme que incluso en los desiertos de la vida, estás trabajando en mí. Ayúdame a buscar siempre tu presencia, a confiar en tu plan y a crecer en la fe. Que mi vida sea un testimonio de tu amor y poder sanador.

Señor, en mi soledad y desesperación, me enseñaste a buscar tu rostro de manera más íntima y profunda. Ayúdame a encontrar fuerza y consuelo en tu presencia, a florecer en los desiertos de mi vida. Que cada prueba me acerque más a ti, y que cada momento de quietud se convierta en un espacio sagrado de encuentro contigo. En el nombre de Jesús, Amén.

Devocional Soy Mujer Valiosa
Venciendo los desafíos y cultivando las virtudes que nos hacen valiosas en las manos de Dios

PATRICIA RIOS

Miembro destacado de
La Academia Guipil: Escribe y Publica Tu Pasión

COMUNIDAD
Mujer Valiosa

Academia Güipil
- ESCRIBE Y PUBLICA -
Tu Pasión
CON REBECA SEGEBRE

Escribe palabras que impacten y transformen vidas.

AcademiaGuipil.com

Comunidad · Inspiración · Desarrollo

MI VIAJE HACIA LA QUIETUD Y LA CONFIANZA EN DIOS

"Quédense quietos, reconozcan que Yo soy Dios..."
- Salmos 46:10

Quiero compartir con ustedes un capítulo muy íntimo de mi vida, una experiencia que transformó mi manera de ver las pruebas y las respuestas a mis oraciones. Hace unos meses, me encontraba en un valle de incertidumbre. Mis oraciones, constantes y fervientes, parecían desvanecerse en el vacío, sin respuesta. Cada día, la tristeza y la duda se enredaban más y más en mi corazón.

ENTENDÍ QUE HABÍA UNA LUCHA CON MIS EMOCIONES

La espera era agotadora.
Mis pensamientos se oscurecían con dudas y temores, y el cansancio se apoderaba de mi espíritu. Como miembro del grupo de alabanza, estaba programada para cantar en un servicio, pero mi corazón estaba tan agobiado que dudaba de mi capacidad para servir.

DIOS HABLA A TRAVÉS DE LA MÚSICA:

Entonces, en medio de mi lucha, una canción llegó a mí. "Estaré Quieto", un título que ya conocía, pero que en ese momento cobró un significado especial. Mientras la cantaba, sentí como si Dios me estuviera hablando directamente a mí. Las lágrimas brotaron de mis ojos al reconocer que Dios estaba cuidando de mí, incluso en mi dolor.

Encontrando Paz en Salmos 46:10: Busqué el versículo de Salmos 46:10, y allí encontré un llamado a la confianza y la esperanza. Dios me estaba invitando a reconocer Su presencia, a confiar en Él, a dejar atrás la incertidumbre.

LE DOY GRACIAS A DIOS POR LA CONFIRMACIÓN DIVINA

La palabra de Dios, "estad quietos", comenzó a aparecer en todos lados después de esa noche. La encontré en devocionales, y una vez, mientras compraba regalos de Navidad con mi hijo, me topé con un hermoso cuadro que llevaba este versículo. Era como si Dios estuviera reafirmando Su mensaje para mí. Esa placa de madera, ahora en mi casa, es un constante recordatorio de Su presencia y cuidado.

ES CUESTIÓN DE CONFIANZA Y TRANSFORMACIÓN

Este mensaje me ha enseñado a confiar en Dios y a entender que solo Él puede transformar mi vida. A pesar de los desafíos y las luchas internas, esta palabra ha traído paz y confianza a mi vida. Me recuerda seguir adelante, sin importar lo que vea o experimente.

TENEMOS UNA ELECCIÓN QUE HACER Y ESTA ES LA DE AVANZAR

En aquellos momentos difíciles, tenía dos opciones: quedarme arrinconada en mis circunstancias o avanzar en la dirección que Dios estaba señalando. Elegí lo segundo, decidida a no dejar que los aspectos negativos opacaran las innumerables bendiciones y respuestas a mis oraciones que ya había recibido. Ver las bendiciones de Dios me daba esperanza y fortaleza para esperar en Su tiempo y respuesta.

Entendí que Dios enviaba esa canción como reflejo de mi Lucha. "Mil problemas tengo en mi mente y no puedo escapar", decía la canción. Eso era exactamente lo que sentía. Pero Dios me enseñó a estar quieto, a recordar que el futuro no solo está adelante, sino también en el presente y en el pasado. Reconocer cómo Dios estuvo conmigo en el pasado me da la confianza de que estará conmigo en el futuro.

HOY HE DECIDIDO ENTREGAR MI CORAZÓN A DIOS

En ese momento de revelación, entregué todo lo que había en mi corazón a Dios, eligiendo permanecer en quietud y esperar en el Dios que he conocido y visto actuar en mi vida. He aprendido que Él pelea mis batallas, y aunque me sentía sola, en la quietud descubrí que nunca lo estuve realmente.

Siento como si Dios me hubiese otorgado una restauración en el Ministerio. Esta experiencia me restauró por completo en mi ministerio de adoración en la iglesia. Ahora puedo compartir este mensaje de esperanza y confianza en Dios con otros que puedan estar pasando por situaciones similares. A través de la alabanza, puedo ayudar a otros a reconocer a Dios en sus vidas.

HOY ESTOY VIVIENDO LA CANCIÓN.

Antes, había cantado "Estaré Quieto" muchas veces, pero en ese momento específico, estaba viviendo los versos de la canción. Dios me ministró de la misma manera que lo hace con otros cuando lidero la alabanza.

Quisiera invitarlos a que, en sus propios momentos de prueba y duda, busquen su "Estaré Quieto". Encuentren ese espacio de quietud donde pueden escuchar a Dios. En la quietud, hay una promesa de paz y una invitación a confiar en quien Él es y en Su perfecto plan para nuestras vidas.

Esta experiencia me enseñó que, incluso cuando no veo la respuesta, Dios está obrando en mi vida. Él me llama a estar en paz, a reconocer Su grandeza y a confiar en Su soberanía. Comparto esto con la esperanza de que también puedan encontrar consuelo y fortaleza en Su presencia, sabiendo que Él es Dios, nuestro refugio y fortaleza.

ORACIÓN JUNTAS:

Señor, en los momentos de incertidumbre, ayúdame a recordar que Tú eres Dios. En la quietud, enseñarme a escuchar Tu voz y llenar mi corazón con Tu paz. Confió en Ti y en Tu plan perfecto para mi vida.

Señor, gracias por mostrarme que en la quietud puedo encontrar Tu paz y Tu presencia. Ayúdame a recordar siempre que no estoy solo, que Tú estás conmigo, peleando mis batallas y guiando mis pasos. Ayúdame a transmitir esta verdad a otros, para que también puedan encontrar consuelo y fortaleza en Ti. En el nombre de Jesús, Amén.

Devocional Soy Mujer Valiosa
Venciendo los desafíos y cultivando las virtudes que nos hacen valiosas en las manos de Dios

MARÍA E. TREJO

Autora del libro "Caminando sobre La Fe"
Líder en la *Comunidad Mujer Valiosa*
Miembro destacado de *La Academia Guipil:
Escribe y Publica Tu Pasión*

Publicado por *Editorial Güipil*

EditorialGuipil.com/MariaTrejo

COMUNIDAD
Mujer Valiosa

Academia Güipil
- ESCRIBE Y PUBLICA -
Tu Pasión

CON REBECA SEGEBRE

Escribe palabras que impacten y transformen vidas.

AcademiaGuipil.com

Comunidad · Inspiración · Desarrollo

LA SANIDAD DE LEONARDO DAVID: FE EN MEDIO DE LA TORMENTA

"Pero él fue traspasado por nuestras rebeliones y aplastado por nuestros pecados. Fue golpeado para que nosotros estuviéramos en paz; fue azotado para que pudiéramos ser sanados."
Isaías 53: 5 (NTV)

En los momentos más oscuros, cuando la desesperación amenaza con apoderarse de nuestros corazones, la historia de Leonardo David nos recuerda el poder de la fe y la oración. Esta narrativa no solo habla de una sanidad milagrosa, sino también de la presencia reconfortante de Dios en medio de las circunstancias más difíciles.

LA LUCHA DE UN NIÑO

Leonardo David, desde sus primeros meses, enfrentó un desafío doloroso: un padecimiento en su oído que le causaba dolor constante y supuraba un líquido amarillo. A pesar de los tratamientos y los antibióticos, el alivio era temporal. Para mí que soy su madre, cada episodio era una batalla contra la impotencia y la preocupación.

UN ENTORNO DESAFIANTE

La situación se complicó aún más cuando nuestro país fue azotado por una guerra civil. Nuestra familia se encontraba atrapada en una noche sin electricidad y en medio de un toque de queda. Era un escenario donde la ayuda médica y los recursos eran inaccesibles. En una de esas noches, el dolor de Leonardo David se intensificó, y yo me sentía triste, sin medicamentos ni dinero para comprarlos, me sentí abrumada por la angustia.

LA FE DE UN NIÑO

Fue entonces cuando Daniel, su hermano de siete años, propuso una solución simple pero poderosa: orar. Inspirado por las enseñanzas de fe que habían recibido en la iglesia, sugirió acudir a Dios en busca de ayuda. Toda familia se unió en oración, invocando la presencia y la sanidad del Señor. Aunque no recordamos con exactitud qué versículo leímos, posiblemente fue Isaías 53:4, que habla de cómo Jesús llevó nuestras enfermedades y sufrió nuestros dolores.

UNA VISIÓN DE SANACIÓN

Durante la oración, yo, la madre de Leonardo David, tuve una visión extraordinaria. Vi a Jesús limpiando el oído de mi hijo con un hisopo, en cuya punta había una pequeña llama. Al abrir los ojos, me dio cuenta de que mi hijo ya no lloraba y se había quedado dormido en paz. Toda nuestra familia agradeció a Dios y se retiró a descansar.

LA CONFIRMACIÓN DEL MILAGRO

Al día siguiente, le pregunté a Leonardo David cómo se sentía. Su respuesta fue un testimonio de fe y milagro: él relató cómo Jesús lo había tomado en sus brazos y, desde ese momento, ya no sintió más dolor. Desde ese día, Leonardo David fue sanado completamente, sin volver a padecer del oído.

REFLEXIONES DE FE

Esta historia es un testimonio del amor y el poder sanador de Dios. Nos enseña que, incluso en los momentos más sombríos, cuando los recursos humanos se agotan, la fe en Dios puede abrir puertas a milagros inesperados. La sanidad de Leonardo David no fue solo física; también trajo una renovación espiritual a toda la familia, fortaleciendo nuestra fe y confianza en Dios.

Desde ese momento transformador, mi vida tomó un nuevo rumbo. Me sumergí con fervor en la búsqueda de Dios, explorando cada día más las profundidades de Su Palabra. Me convertí en una estudiosa de las Escrituras, orando sin cesar, y el Señor, en Su inmensa fidelidad, avivó en nosotros la medida de fe necesaria para ser testigos de Sus milagros. Creo firmemente que el reino de Dios y Su justicia proveen a los miembros del reino todo lo que nos falta, ya sea en el ámbito espiritual o material. Es el Espíritu Santo quien agudiza nuestra percepción y enfoca nuestra atención en los versículos bíblicos que se convierten en un diálogo divino, enseñándonos a vivir en Su reino.

En aquellos tiempos de búsqueda y aprendizaje, no me perdía ninguna reunión en la iglesia. Mi corazón ardía con el deseo de conocer más íntimamente al Dios que provee, al Dios del Salmo 23 que se revela como pastor de sus ovejas. Jesús afirmó ser ese Buen Pastor, y contemplando este Salmo, entendí que se despliegan las promesas de Dios para aquellos que somos Sus ovejas.

LA REALIDAD VIVA DEL SALMO 23

El Salmo 23 se convirtió para mí en una fuente de promesas y consuelo. "El Señor es mi pastor, nada me falta", se transformó en una declaración de confianza y dependencia. Aprendí que como Sus ovejas, estamos bajo Su cuidado y guía, y que incluso en el valle más sombrío, Su vara y Su cayado infunden aliento.

Ahora, como madre, enseño a mis hijos que nuestro valor no se mide por las posesiones o el estatus, sino por nuestra relación con el Pastor divino. La lección de Leonardo David se convirtió en un testimonio vivo de la fidelidad de Dios, no solo para nuestra familia sino para toda la comunidad de fe que nos rodea. El Salmo 23 no es solo un conjunto de versículos o un bello poema o canción; es una declaración viva de la presencia y provisión de Dios para el día de hoy.

El Salmo 23 es una de las porciones más queridas y reconfortantes de la Escritura. Al profundizar en su significado práctico, podemos descubrir cómo cada línea refleja una promesa divina que puede convertirse en una realidad tangible en nuestras vidas.

EL SEÑOR ES MI PASTOR, NADA ME FALTA

Comenzamos con la afirmación de que el Señor es nuestro Pastor. En esta frase, encontramos la promesa de provisión. Dios promete cuidar de nuestras necesidades, así como un pastor cuida de sus ovejas. En la práctica, esto significa que podemos confiar en que no nos faltará lo esencial para vivir. Cuando las preocupaciones por el futuro nos abruman, recordamos que nuestra provisión viene del Pastor que nunca nos abandona.

"En verdes pastos me hace descansar y me conduce a aguas tranquilas"

Aquí se nos asegura el descanso y la renovación. Dios promete llevarnos a un lugar de paz y restauración, simbolizado por los verdes pastos y las aguas tranquilas. Esto nos habla de un descanso que va más allá del físico; es un descanso para el alma. En momentos de estrés y fatiga, esta promesa nos invita a encontrar nuestro reposo en Él.

"Renueva mis fuerzas. Me guía por sendas de justicia por amor a su nombre"

Dios promete restaurar nuestras fuerzas y guiarnos en caminos correctos. La justicia aquí representa la dirección correcta de vida que honra a Dios. Cuando nos sentimos perdidos o sin fuerzas, podemos depender de que Él renovará nuestro vigor y nos mostrará el camino a seguir.

"Aunque pase por el valle más oscuro, no temeré peligro alguno, porque tú estás conmigo; tu vara y tu cayado me inspiran confianza"

En esta promesa se nos asegura protección y compañía. Aun en los momentos más difíciles, no debemos temer, porque Dios está con nosotros. Su presencia es la fuente de nuestra confianza. La vara y el cayado, que protegen y guían, simbolizan la seguridad y la dirección que encontramos en Él.

"Preparas una mesa ante mí en presencia de mis enemigos. Unges mi cabeza con aceite; mi copa rebosa"

Dios nos promete honra y abundancia. A pesar de las adversidades y los enemigos, Él nos bendice generosamente. La unción con aceite simboliza la consagración y la bendición, y una copa que rebosa representa una vida llena de las riquezas de Su gracia.

"La bondad y el amor inagotable me seguirán todos los días de mi vida, y viviré en la casa del Señor por siempre"

Finalmente, se nos promete una compañía constante de bondad y amor misericordioso e inagotable. No solo por un tiempo limitado, sino por toda la eternidad. La promesa de habitar en la casa del Señor señala una relación continua y permanente con Él. Este salmo se convirtió en mi oración diaria, en mi declaración de fe. Cada promesa se entrelazaba con los hilos de mi realidad diaria, y yo las vivía como si ya estuvieran manifestándose en mi vida. Mi corazón se desbordaba de fe, viendo cada verdad del salmo como una realidad presente, aunque sabía que aún tenía mucho que aprender para alcanzar plenamente sus promesas.

En los momentos de mayor angustia, cuando la tristeza inundaba mi ser o me encontraba envuelta en la inseguridad, el Salmo 23 era mi refugio. Era entonces cuando mi Pastor, mi Buen Pastor, se me revelaba con un consuelo que superaba toda comprensión. Él me guiaba a pastos delicados y a aguas de reposo, llevándome de la mano por sendas de justicia que mi alma anhelaba. A través de este salmo, encontraba consuelo, amor y una celebración de la vida a pesar de las adversidades, disfrutando del banquete preparado por Dios frente a mis adversarios. La Palabra de Dios se transformó en una llave que me permitía entrar en su reino y descubrir las promesas maravillosas que tenía para mi vida y la de mi familia. Esas promesas estaban disponibles, esperando ser reclamadas y vividas. Todo lo que necesitaba hacer era entrar y tomar posesión de ellas.

La fe en las promesas de Dios me ha llevado a una vida de abundancia espiritual y paz. Al igual que las ovejas confían en su pastor para guiarlas a pastos verdes y aguas tranquilas, mi confianza está puesta en el Señor, que guía cada paso de mi camino. Él restaura mi alma y me conduce por caminos de justicia, brindándome seguridad y propósito. La transformación que experimenté es un testimonio del poder de la Palabra de Dios para cambiar vidas. Te invito a que, al igual que yo, encuentres en las Escrituras esa misma llave que abre las puertas del reino de Dios, donde cada promesa se convierte en una realidad vivida.

La sanidad de mi hijo no fue solo la desaparición de una enfermedad física, sino el amanecer de una nueva etapa en nuestra vida espiritual. El testimonio de Leonardo David es un recordatorio de que Dios está íntimamente involucrado en los detalles de nuestras vidas, y que Su amor nos alcanza de maneras a menudo inesperadas pero siempre perfectas.

ORACIÓN JUNTAS

Padre celestial, en la quietud de este momento, mi corazón se eleva en gratitud por Tu presencia constante en nuestras vidas.

Te damos gracias por tu amor y tu poder sanador. Como hiciste con Leonardo David, te pedimos que intervengas en nuestras vidas, llevando sanación y paz donde hay dolor y desesperación. Ayúdanos a mantener nuestra fe en Ti, incluso en medio de las tormentas de la vida.

Gracias por ser nuestro Pastor, por guiarnos, restaurarnos y proveernos. Gracias por las lecciones aprendidas y por las promesas cumplidas. Que cada persona que enfrenta una montaña de dificultades pueda encontrar en Ti un refugio seguro y la paz que solo Tú puedes dar. Que podamos vivir cada día en la certeza de que somos Tus amadas ovejas, cuidadas por el Buen Pastor. En el nombre de Jesús, amén.

Devocional Soy Mujer Valiosa
Venciendo los desafíos y cultivando las virtudes que nos hacen valiosas en las manos de Dios

NORMA TERÁN

Miembro destacado de
La Academia Guipil: Escribe y Publica Tu Pasión

Academia Güipil
- ESCRIBE Y PUBLICA -
Tu Pasión
CON REBECA SEGEBRE

Escribe palabras que impacten y transformen vidas.

AcademiaGuipil.com

Comunidad - Inspiración - Desarrollo

A PESAR DE LAS DIFICULTADES, SIGO DE PIE POR AMOR A MIS HIJOS

Mantengamos firme la esperanza que profesamos, porque fiel es el que hizo la promesa. Preocupémonos los unos por los otros, a fin de estimularnos al amor y a las buenas obras.
Hebreos 10: 23-24 (NVI

La vida puede presentarnos situaciones difíciles que nos parecen insuperables, pero con fe y amor, podemos seguir adelante. No sé si me consideras una madre valiente, pero te contaré cómo he atravesado el camino con un hijo autista, un cáncer de pulmón y cerebro, pero sigo de pie por amor a mis hijos. En este devocional, conocerás mi historia y cómo mi fe y amor me han mantenido firme en las adversidades y espero que sea una dosis de inspiración y esperanza.

La vida de esta madre comenzó a cambiar cuando tuvo a su hijo autista hace 24 años. Su mente es la de un niño de 12 años, lo que presenta un gran reto en su cuidado y educación. Pero ella siempre ha estado ahí para él, brindándole amor y apoyo. Y después, llegó el diagnóstico de cáncer de pulmón y cerebro. Hace un año, le extrajeron un tumor grande de su cerebro y todavía se encuentra en observación. Pero a pesar de todo, Dios la ha mantenido de pie por amor a sus hijos.

Esta madre ha encontrado fortaleza en su fe y en su familia. Tiene una hija de 30 años, una nieta de 9 años y un nieto de 3 meses. Ellos son una bendición del cielo y una razón para seguir adelante. A pesar del cáncer tipo #4 que enfrenta, ella sigue adelante y pide fortaleza a Dios. En su devocional diario, se da cuenta de que está entera y puede moverse, y le da gracias a Dios por ello.

A través de las dificultades que ha enfrentado, esta madre ha aprendido que es amada por Dios y que tiene un propósito en esta tierra. Dios la ha transformado de adentro hacia afuera y quiere afirmar disciplinas en su vida.

Esta madre a pesar de las dificultades, se dice todos los días que puede seguir adelante con amor y fe. Dios siempre está presente y nos brinda la fortaleza que necesitamos. Su historia es un ejemplo de perseverancia y amor a pesar de las adversidades.

Amiga, te cuento que ¡Esta es mi historia!

EL PODER DE LA ESPERANZA EN TIEMPOS DIFÍCILES

Amiga, siempre hay una luz al final del camino. Esta historia nos muestra que con fe y amor, podemos seguir adelante a pesar de las dificultades. Agradezcamos a Dios por los pequeños detalles de la vida y por las bendiciones que recibimos cada día. Si algo te está pesando en este momento, recuerda que Dios siempre está contigo y te brindará la fortaleza que necesitas. Sigue adelante con amor y fe, como esta valiente madre lo ha hecho. ¡Nunca te des por vencida!

Ahora quisiera hablarte del impacto de un video en mi vida: Hoy he vivido una experiencia que ha dejado una huella en mi vida. Por medio de un video, Dios me habló de las disciplinas que quiere afirmar en mí. En este video, una joven con una historia y problema de salud muy peculiar mostraba cómo su rutina diaria es levantarse temprano, dar gracias a Dios por un nuevo día y emocionarse por todas las pequeñas cosas que la vida le ofrece, como recoger aromas de plantas en una tienda naturista. A pesar de estar enferma en una silla de ruedas y tener la cara inmovilizada, su fe y su gratitud hacia Dios eran notables. La propia experiencia de verla y escucharla ha despertado en mí la necesidad de reflexionar sobre las disciplinas que Dios quiere que afirmemos en nuestras vidas.

Dios me ha hecho reflexionar sobre la importancia de la gratitud. A veces damos por sentadas las pequeñas cosas de la vida, como la salud o la capacidad de mover nuestro cuerpo, sin embargo, ella agradeció por cada uno de esos regalos. Por eso, creo que Dios quiere afirmar en mi vida la disciplina de la gratitud, de valorar cada uno de los dones que me ha dado cada día.

Pienso que Dios quiere que yo afirme también la disciplina de la fe, de creer en Él en todas las circunstancias de la vida. Creer que Él tiene todo bajo control y que nunca nos abandona.

Otra disciplina en la que Dios me ha hecho reflexionar es la del servicio. A pesar de estar enferma en una silla de ruedas, la joven del video no deja de cuidar a sus hijos y de buscar cómo ayudar a los demás con los conocimientos que tiene de plantas. Creo que Dios quiere que afirme en mi vida la disciplina del servicio, de buscar siempre la oportunidad de ayudar a los demás de forma desinteresada, sin esperar nada a cambio.

Por último, la joven también reflejaba la disciplina de la esperanza. A pesar de estar en una situación difícil, seguía adelante y esperaba cosas mejores. Por eso, creo que Dios quiere que afirme en mi vida la esperanza de que los planes de Dios son buenos para mí y que todo lo que venga es para mi bienestar.

Dios ha despertado en mí la necesidad de cultivar estas disciplinas en mi vida. La gratitud, la fe, el servicio y la esperanza son pilares importantes en nuestra vida espiritual. A través de la observación y escucha de los demás podemos obtener lecciones que nos marcan de forma profunda y nos invitan a ser mejores personas y mejores cristianos. Por eso, invito a todas las mujeres cristianas a que estemos atentas a las personas que Dios pone en nuestro camino, que escuchemos con el corazón y que nos dejemos guiar por las disciplinas que Dios quiere que afirmemos en nuestras vidas.

EL TESORO ESCONDIDO

A veces encontramos inspiración en lugares y personas inesperadas. Eso fue lo que me sucedió cuando vi el video de una madre emigrante que preparaba un baño con lo poco que tenía disponible. En ese momento, me di cuenta de que hay cosas cotidianas que a menudo no agradecemos lo suficiente. A pesar de las dificultades, ella encuentra felicidad en las cosas más simples de la vida. Al verla, me di cuenta de que puedo ser más agradecida con lo que tengo, para así poder encontrar felicidad y paz interior.

En el video, la madre se prepara para un baño con lo poquito que tiene disponible. Me conmovió ver cómo ella encontró pequeños objetos que le recordaron su hogar y su infancia. Este pequeño momento del baño le permitió transportarse a su pasado y encontrar felicidad en los recuerdos.

Otra cosa que me llamó la atención fue cómo la madre usó su baño como un momento de oración y reflexión. Esto me hizo reflexionar sobre la importancia de hacer afirmaciones positivas todos los días y recordar quiénes somos en los ojos de Dios utilizando versos bíblicos que nos ayuden a recordar nuestro valor como hijas de Dios.

Es importante encontrar el tesoro escondido en las cosas cotidianas y, a la vez, ser más agradecidos con lo que tenemos. A menudo nos enfocamos en lo que nos falta en vez de agradecer lo que ya tenemos. Sin embargo, la felicidad y la paz interior no se pueden comprar con objetos materiales.

Dios uso estas imágenes para enseñarme una gran lección sobre encontrar el tesoro escondido en nuestra vida cotidiana. Todos tenemos algo que agradecer y la clave para encontrar la felicidad es enfocarnos en esos pequeños detalles. Agradezcamos por las cosas más simples de la vida y recordemos nuestro valor como hijos de Dios. La próxima vez que me siente en mi baño, recordaré la lección de esa madre emigrante y encontraré mi propio tesoro escondido.

LA VIDA COMO UN REGALO DE DIOS

La vida es un regalo precioso que Dios nos ha dado. A menudo, olvidamos valorar las pequeñas cosas cotidianas que tenemos en nuestra vida y caemos en la rutina sin agradecerlas. Hoy, quiero compartir contigo mi historia personal y cómo he aprendido a agradecer y valorar cada día que Dios me da.

Hace unos meses, tuve que someterme a una cirugía cerebral que me ha podido dejar sin movilidad. Durante este tiempo, descubrí que a menudo tomamos por sentado nuestra capacidad de hacer cosas simples como prepararnos un baño o caminar sin ayuda. También aprendí la importancia de la gratitud, de dar gracias a Dios por las pequeñas cosas, las cosas que a menudo pasamos por alto.

Durante mi proceso de recuperación, luché con la creencia de que estaba experimentando una "muerte", algo irreversible. Pero, a medida que pasaba el tiempo, comencé a entender que realmente estaba viviendo, luchando y aceptándome a mí misma con todas mis limitaciones. Aprendí a no dejar que mi situación me robara la vida que Dios me había otorgado.

Hoy, estoy enormemente agradecida por la oportunidad de seguir luchando y moviéndome. Me siento valiosa al poder ayudar a mis hijos y nietos, aún teniendo limitaciones. Y, aunque haya momentos difíciles, tengo fe para creer en mi completa sanidad y seguir confiando en Dios.

A menudo, es fácil caer en la queja y la autocompasión, especialmente cuando estamos pasando por una prueba en nuestra vida. Pero, este proceso me ha enseñado que la vida es un regalo y que debemos agradecer todas las bendiciones que Dios nos da día a día.

Si tú estás pasando por un momento difícil en tu vida, espero que mi historia te haya dado fuerzas y esperanza para seguir adelante. Recuerda que la vida es un precioso regalo de Dios y debemos hacer todo lo posible por valorarla, disfrutarla y agradecerla.

Amiga, la vida es un regalo divino que debemos agradecer cada día. A veces, perdemos de vista las pequeñas cosas cotidianas que hacemos y olvidamos valorarlas. Mi experiencia personal me ha enseñado la importancia de la gratitud y la fe en Dios para enfrentar cualquier adversidad que se presente en nuestra vida. Mantén la esperanza y la confianza en Dios que Él nos guiará en el camino correcto. Aprecia lo que tienes y nunca dejes de agradecer a Dios.

Academia Güipil
- ESCRIBE Y PUBLICA -
Tu Pasión
CON REBECA SEGEBRE

Escribe palabras que impacten y transformen vidas.

AcademiaGuipil.com

Comunidad · Inspiración · Desarrollo

ENCONTRANDO ESTABILIDAD EMOCIONAL EN MEDIO DE LA TORMENTA

"¿Por qué voy a inquietarme? ¿Por qué me voy a angustiar?
En Dios pondré mi esperanza y todavía lo alabaré.
Él es mi Salvador y mi Dios."
Salmo 42:5 - (NVI)

En la Biblia, muchas mujeres enfrentaron desafíos abrumadores, pero pocas destacan tanto por su equilibrio emocional como Abigail. Su relato, ubicado en 1 Samuel 25, nos muestra a una mujer casada con Nabal, un hombre descrito como necio y duro. A pesar de estar en una situación complicada, Abigail demostró una sabiduría y estabilidad emocional extraordinarias al enfrentar un conflicto potencialmente mortal entre su esposo y David.

LA SABIDURÍA DE ABIGAIL: UN MODELO DE EQUILIBRIO EMOCIONAL

En un mundo donde con frecuencia nos dejamos llevar por el miedo, la ira o la desesperación, Abigail es un ejemplo luminoso de control emocional y acción sabia. Frente a la ira de David y la insensatez de su esposo, tomó una decisión llena de gracia y estrategia: proporcionó alimentos a David y sus hombres, evitando así un derramamiento de sangre. Abigail nos enseña que es posible enfrentar situaciones difíciles manteniendo el control emocional y actuando con sabiduría. La palabra de Dios dice: "*Más vale ser paciente que valiente; más vale el dominio propio que conquistar ciudades.*" Proverbios 16:32

EMOCIONES BAJO CONTROL

En nuestras reuniones de Damas, discutimos un libro de Joyce Meyer, una escritora que ha enfatizado la importancia de no dejar que nuestras emociones nos dominen. Como mujeres, a menudo experimentamos emociones intensas, pero eso no significa que debamos ser controladas por ellas. Meyer recalca que el autocontrol y la paciencia son clave para mantener nuestras emociones en equilibrio.

La paciencia, uno de los frutos del Espíritu Santo, es vital en nuestra vida diaria. Si nos dejamos llevar por la impaciencia, el mal humor o la negatividad, podemos perder la perspectiva de lo que Dios está haciendo en y a través de nuestras vidas. En cambio, cuando permitimos que el Espíritu Santo guíe nuestras emociones, frutos como la paz, la alegría, el amor, la mansedumbre y el dominio propio se manifiestan en nosotros.

Aquí hay una lista de cosas prácticas y nuevos hábitos que puedes decidir practicar para mantener tus emociones bajo el control del Espíritu Santo:

1. Reflexión Diaria sobre las Emociones: Tómate un tiempo cada día para reflexionar sobre tus emociones. Identifica momentos en los que tus emociones pudieron haberte controlado y considera qué podrías haber hecho de manera diferente.

2. Buscar el Fruto del Espíritu: En situaciones de tensión, recuerda los frutos del Espíritu. Pide a Dios que te ayude a manifestar estos frutos en lugar de reaccionar impulsivamente.

3. **Estudiar a Abigail:** Dedica tiempo a leer 1 Samuel 25. Reflexiona sobre cómo Abigail manejó la situación con sabiduría y considera cómo puedes aplicar su ejemplo en tu vida cotidiana.

4. **Compromiso con Dios:** Haz el compromiso de ser una persona emocionalmente estable. Pídele a Dios que te ayude a dejar que el Espíritu Santo controle tus emociones, en lugar de ser esclava de ellas.

A través del ejemplo de Abigail, vemos cómo es posible navegar las tormentas de la vida con sabiduría y estabilidad emocional. Permitir que el Espíritu Santo guíe nuestras reacciones y decisiones puede transformar nuestra manera de enfrentar los desafíos, llevándonos a una vida más plena y alineada con los propósitos de Dios.

DE LA OSCURIDAD A LA LUZ: MI LUCHA CON LA DEPRESIÓN

La depresión, un trastorno reconocido por la Organización Mundial de la Salud, afecta a millones sin distinción de género, edad, raza o estatus social. A pesar de su prevalencia, persisten estigmas y malentendidos alrededor de esta condición.

MI EXPERIENCIA PERSONAL

Mi propia batalla con la depresión comenzó desde la niñez. En esos momentos de soledad, la música se convirtió en mi refugio, un bálsamo suave para mi alma atribulada. Esta lucha se intensificó en mi adultez, particularmente con la depresión postparto. Afortunadamente, la terapia profesional y el apoyo emocional me enseñaron a manejar las fluctuaciones de ánimo y la ansiedad inherentes a esta enfermedad.

Sin embargo, fue mi encuentro personal con Dios lo que marcó un cambio decisivo en mi camino hacia la sanación. Al sumergirme en la Biblia y construir una relación más profunda con Él, encontré consuelo, esperanza y restauración. Las promesas divinas se convirtieron en mi ancla en la tormenta, recordándome que, incluso en mis días más sombríos, Dios estaba conmigo.

EL PODER DE LA ALABANZA

La alabanza desempeñó un papel vital en mi recuperación. En momentos de angustia, una canción o un himno me recordaban la bondad y la gracia de Dios. Con el tiempo, estas alabanzas se transformaron en testimonios de esperanza para otros, permitiéndome ser un faro de luz para quienes luchan con problemas similares.

CONSEJOS PARA QUIENES ENFRENTAN LA DEPRESIÓN

1. **Busca Ayuda Profesional:** Si te enfrentas a emociones abrumadoras, no dudes en buscar apoyo profesional. No hay vergüenza en pedir ayuda.

2. **Inmersión en la Palabra de Dios:** Alimenta tu espíritu con las Escrituras. Encuentra versículos que resuenen contigo y medita en ellos diariamente.

3. **Alaba en Todo Momento:** Incluso en la dificultad, busca canciones de alabanza que te reconecten con Dios.

4. **Comparte Tu Historia:** Tu testimonio puede ser la luz que alguien necesita. Nunca subestimes el poder de tu experiencia vivida.

La depresión puede parecer una montaña insuperable, pero con la ayuda de Dios, el apoyo profesional y una comunidad adecuada, es posible hallar sanación, esperanza y propósito. Recuerda, no estás solo en esta lucha; Dios camina contigo en cada paso. Mantén la fe, continúa alabando y recuerda que eres profundamente amado por el Creador.

Si estas pasando por depresión te invito a orar conmigo: "Padre Celestial, gracias por ser nuestra roca y refugio, incluso en la oscuridad de la depresión. Te pido que ilumines mi camino con tu amor y paz. Que pueda hallar propósito en mi dolor y experimentar tu consuelo. En el nombre de Jesús, amén."

MANTENIENDO LA ESTABILIDAD EMOCIONAL:
La Importancia de No Ser Controlados por Nuestras Emociones

Las emociones son una parte esencial de nuestra experiencia humana. Nos proporcionan información valiosa sobre nuestras reacciones a diversas situaciones y cómo nos afectan. Aunque necesarias, si permitimos que nuestras emociones nos controlen sin restricciones, podemos enfrentar repercusiones negativas.

EL IMPACTO DE LAS EMOCIONES EN NUESTRA VIDA

Cuando las emociones dictan nuestras decisiones y acciones, nos arriesgamos a reaccionar impulsivamente, exagerar frente a pequeños contratiempos, o dejar que el miedo y la ansiedad guíen nuestros pasos. Este dominio emocional puede dañar nuestra salud mental, relaciones, carrera y calidad de vida. Conduce a una inestabilidad emocional, donde nuestras respuestas a los eventos cotidianos son impredecibles y desproporcionadas.

EL PODER DE LA ORACIÓN PARA LA ESTABILIDAD EMOCIONAL

La oración es una herramienta poderosa para gestionar nuestras emociones. Acercarnos a Dios en oración significa buscar no solo respuestas o guía, sino también paz y estabilidad emocional. Dedicar tiempo a la oración nos da la oportunidad de reflexionar sobre nuestras emociones, comprender sus raíces y solicitar sabiduría y fuerza para manejarlas adecuadamente.

La oración nos permite presentar nuestras preocupaciones y ansiedades ante Dios, buscando su paz que sobrepasa todo entendimiento. Esta paz funciona como un amortiguador contra la volatilidad emocional, brindándonos una base sólida de apoyo.

LA FE EN LAS PROMESAS DE DIOS

Tener fe en las promesas de Dios nos proporciona una fundación firme para nuestras vidas. Al confiar en sus promesas, recordamos que no estamos solos en nuestras luchas. Nos da una perspectiva más amplia, que independientemente de cómo nos sintamos en un momento dado, hay verdades constantes y eternas en las que podemos confiar.

Las Escrituras están llenas de promesas de paz, esperanza y amor. Al meditar en estas palabras, podemos recalibrar nuestras emociones, recordándonos que nuestra identidad y valor no se basan en cómo nos sentimos, sino en quiénes somos en Cristo lo cual puede ayudarnos a recalibrar nuestras emociones:

1. **Paz:**
- Juan 14:27 (NVI): "La paz les dejo; mi paz les doy. Yo no se la doy a ustedes como la da el mundo. No se angustien ni tengan miedo."
- Filipenses 4:7 (NVI): "Y la paz de Dios, que sobrepasa todo entendimiento, cuidará sus corazones y sus pensamientos en Cristo Jesús."

2. **Esperanza:**
- Romanos 15:13 (NVI): "Que el Dios de la esperanza los llene de toda alegría y paz al confiar en él, para que rebosen de esperanza por el poder del Espíritu Santo."
- Jeremías 29:11 (NVI): "Porque yo sé muy bien los planes que tengo para ustedes —afirma el Señor—, planes de bienestar y no de calamidad, a fin de darles un futuro y una esperanza."

3. **Amor:**
- Romanos 8:38-39 (NVI): "Porque estoy convencido de que ni la muerte ni la vida, ni ángeles ni demonios, ni lo presente ni lo por venir, ni los poderes, ni lo alto ni lo profundo, ni ninguna otra cosa en toda la creación, podrá separarnos del amor de Dios que es en Cristo Jesús Señor nuestro."
- 1 Juan 4:16 (NVI): "Y nosotros hemos llegado a saber y creer que Dios nos ama. Dios es amor. El que permanece en amor, permanece en Dios, y Dios en él."

Estos versículos nos dan fortaleza. Al meditar en estas palabras, podemos encontrar fortaleza y consuelo, recordando que somos amados, tenemos esperanza y vivimos en la paz que solo Dios puede ofrecer.

Amiga, el manejo de nuestras emociones a través de la oración y la fe en las promesas de Dios nos ofrece una forma de vida más equilibrada y centrada. Nos recuerda que, aunque las emociones son una parte natural de nuestra existencia, no tienen que definirnos o controlarnos. Al encontrar estabilidad en Dios, podemos navegar las aguas a menudo turbulentas de nuestras emociones con gracia y fortaleza.

ORACIÓN JUNTAS

Señor Todopoderoso, en este momento de reflexión y aprendizaje, nos acercamos a Ti buscando Tu sabiduría y Tu paz. Reconocemos que nuestras emociones, aunque son una parte esencial de nuestra humanidad, no deben ser las que dicten nuestro camino. Te pedimos que nos ayudes a encontrar el equilibrio, a gestionar nuestras emociones con gracia y sabiduría, y a no ser arrastrados por ellas.

Dios amado, te agradecemos por el ejemplo de mujeres como Abigail, que nos enseñan a actuar con sabiduría y templanza. Ayúdanos a aprender de su historia y a aplicar estas lecciones en nuestras propias vidas. Danos la fortaleza para enfrentar nuestros desafíos emocionales, ya sean de ansiedad, miedo, o incluso depresión, recordándonos siempre de buscar Tu rostro en la oración y en Tu palabra.

Permítenos ser guiados por el Espíritu Santo en cada paso que demos, para que en momentos de incertidumbre o dolor, podamos encontrar consuelo y dirección en las promesas eternas que nos has dado. Que podamos ser faros de esperanza y amor para aquellos a nuestro alrededor, compartiendo nuestras experiencias y testimonios de cómo Tu amor y Tu gracia han transformado nuestras vidas.

Concede que cada día nos acerquemos más a Ti, fortaleciendo nuestra fe y confianza en Tus promesas. Que, en medio de las tormentas emocionales, encontremos siempre un refugio seguro en Ti, nuestro Salvador y Redentor. Te lo pedimos en el nombre de Jesús, amén.

Devocional Soy Mujer Valiosa
Venciendo los desafíos y cultivando las virtudes que nos hacen valiosas en las manos de Dios

ENEIDA TORRES

Miembro destacado de
La Academia Guipil: Escribe y Publica Tu Pasión

COMUNIDAD
Mujer Valiosa

Academia Güipil
- ESCRIBE Y PUBLICA -
Tu Pasión
CON REBECA SEGEBRE

Escribe palabras que impacten y transformen vidas.

AcademiaGuipil.com

Comunidad · Inspiración · Desarrollo

ENCONTRANDO ESPERANZA EN LA AUSENCIA

"Aunque mi padre y mi madre me abandonen, el Señor me recogerá."
Salmos 27:10 (RV1960)

Desde la inocencia de mi infancia, los recuerdos de la partida de mi madre aún resuenan en mi mente, un evento que marcó el inicio de un viaje de fortaleza y resiliencia. Me dejó, junto con mis hermanos, en un vacío profundo.

En esa época, mi padre, sumido en su trabajo, nos dejó al cuidado de mi abuela. la figura maternal de mi abuela y luego de mi tía se convirtieron en faros de guía y amor incondicional.

Mi hermana menor, de apenas tres meses, y nosotros, los hermanos mayores, nos encontramos navegando en un mundo que parecía derrumbarse. La promesa de regreso de mi madre, una tarde que nunca llegó, se convirtió en un eco de desilusión y aprendizaje. Aquellas palabras de mi madre, prometiendo regresar esa misma tarde, se convirtieron en un eco de esperanza no cumplida. El tiempo avanzó, y la carga para mi padre era inmensa. Mi hermana menor, apenas una bebé, quedó con mi abuela, mientras mis otros hermanos y yo fuimos enviados con una tía para continuar nuestra educación.

A los 15 años, un encuentro casual en las calles de mi pueblo natal me llevó cara a cara con mi madre. El resentimiento y la confusión se entrelazaron en ese momento. La cercanía física contrastaba con la vasta distancia emocional que se había erigido entre nosotros. Su partida había dejado una cicatriz, una que me llevó a cuestionar el significado del amor maternal y el vínculo que nos unía.

No reconocí a la mujer que una vez me dijo "volveré". El resentimiento en mi corazón habló por mí, rechazando sus intentos de acercamiento y dejándola con sus lágrimas.

La vida siguió su curso, y yo me convertí en madre soltera, jurándome a mí misma ser siempre presente para mis hijas.

Ahora, como madre soltera de tres hijas, reflexiono sobre la importancia de la presencia, el amor incondicional y la protección. A pesar de no ser la madre perfecta, mi compromiso es inquebrantable: estar siempre para ellas, proporcionarles lo que nunca tuve. La ausencia de mi madre se convirtió en una lección profunda sobre la importancia del amor y la presencia en la vida de un hijo.

Mi tía, quien tomó el papel de cuidadora, falleció, dejándonos un legado de amor y sacrificio. Mi padre también partió, dejando un vacío inmenso, pero agradecida por los momentos compartidos.

Aunque la ausencia de una madre dejó cicatrices profundas, una marca que se lleva a lo largo de la vida. Sin embargo, el fallecimiento de mi padre y mi tía, me recordaron que Dios me envió pilares en mi crianza, aunque sus muertes me dejaron un vacío, pero también me hicieron darme cuenta que soy portadora de un legado de amor, sacrificio y entrega de parte de ellos. En un mundo donde los lazos familiares a menudo se desvanecen, mi historia es un testimonio de que, incluso en la ausencia de una madre, podemos encontrar fuerzas para crecer y prosperar si nos damos cuenta que Dios no nos ha dejado solos y con la ayuda de otros recibimos su cuidado.

Este mundo está lleno de dolor y tristeza, familias rotas, hijos que van y vienen entre hogares. Sin embargo, en medio de esta oscuridad, hay una luz de esperanza. Dios promete en Salmos 27:10 que Él estará con nosotros, incluso cuando aquellos que deberían amarnos nos abandonan:

"Aunque mi padre y mi madre me abandonen, el Señor me recogerá."
Salmos 27:10 (RV1960)

Este capítulo de mi vida es una historia de superación, un testimonio de que la fortaleza y el amor pueden florecer incluso en los terrenos más áridos de la adversidad. Es un homenaje a todos aquellos que, como yo, han encontrado en su fe y en su propia fortaleza interior, la luz para seguir adelante.

ORACIÓN JUNTAS:

Señor, en los momentos de abandono y soledad, ayúdame a recordar tu promesa de amor y cuidado. Que pueda encontrar consuelo y fuerza en tu presencia, sabiendo que siempre estás conmigo. En el nombre de Jesús, Amén.

Devocional Soy Mujer Valiosa
Venciendo los desafíos y cultivando las virtudes que nos hacen valiosas en las manos de Dios

AMINTA SANDOVAL

Miembro destacado de
La Academia Guipil: Escribe y Publica Tu Pasión

Academia Güipil
- ESCRIBE Y PUBLICA -
Tu Pasión
CON REBECA SEGEBRE

Escribe palabras que impacten y transformen vidas.

AcademiaGuipil.com

Comunidad · Inspiración · Desarrollo

Fe y Fortaleza: El Testimonio de Sanidad Divina

"Porque no nos ha dado Dios espíritu de cobardía, sino de poder, de amor y de dominio propio."
- 2 Timoteo 1:7 (NVI)

En 1999, después de casarme y dar la bienvenida a mis dos hijos, comencé a luchar contra un insomnio severo. Durante 16 largos años, solo podía encontrar descanso bajo la influencia de medicamentos. Esta carga parecía interminable, y cada noche se convertía en una batalla por la tranquilidad.

DIAGNÓSTICO MÉDICO Y LA INTERVENCIÓN DE LA FE:

Los años de lucha contra el insomnio habían dejado a los médicos perplejos. A pesar de sus mejores esfuerzos, ninguna solución parecía dar un alivio duradero. En medio de esta lucha, decidí entregar mi situación a Dios, buscando Su intervención divina. Por la fe, oré fervientemente por sanidad, y en 2017, experimenté un milagro: Dios me sanó del insomnio. Por primera vez en años, pude dormir sin la necesidad de medicamentos.

UNA NUEVA PRUEBA

Sin embargo, la vida a menudo nos lleva por caminos inesperados. En 2018, después del nacimiento de mi tercer hijo, mi insomnio volvió, esta vez acompañado de síntomas aún más preocupantes. Comencé a sufrir ataques de pánico y alucinaciones. Un día, mientras estaba en una tienda, las alucinaciones se mezclaron con la realidad hasta el punto de creer que estaba a punto de morir.

OTRO DIAGNÓSTICO:

Los médicos, al ver mi estado, diagnosticaron ansiedad. Se me presentó un camino de medicación de por vida, una perspectiva desalentadora que parecía encerrar mi destino.

ORACIÓN Y COMUNIDAD DE FE:

En mi desesperación, me volví nuevamente a Dios y a mi comunidad de fe. El 7 de junio de 2019, en la iglesia, recibí oraciones por mi sanidad. Esta comunidad se convirtió en un pilar de apoyo y esperanza, recordándome que no estaba sola en mi lucha.

OTRA CRISIS Y HOSPITALIZACIÓN:

El camino hacia la sanidad rara vez es lineal. En 2019, enfrenté una nueva crisis cuando fui hospitalizada injustamente en el Hospital Monte Sinaí, debido a una llamada malintencionada. Este incidente, que ocurrió durante unas vacaciones, me sumió en una profunda ansiedad. Los médicos, erróneamente, insistieron en que necesitaba medicación de por vida para tratar supuestas condiciones de esquizofrenia y bipolaridad.

LA LUCHA CONTRA EL DIAGNÓSTICO ERRÓNEO:

Frente a este diagnóstico devastador, decidí una vez más poner mi fe en acción. No podía aceptar estas etiquetas que no reflejaban mi verdadera condición. A pesar de que me recetaron medicamentos como "Abilify" y estabilizadores del humor, sabía en mi corazón que había otra forma de sanar.

LA LUCHA INTERNA Y LA CONFIANZA EN DIOS:

Estos momentos de crisis probaron mi fe como nunca antes. En medio del miedo y la confusión, tuve que tomar una decisión: rendirme a los diagnósticos y a la medicación, o aferrarme con más fuerza a mi fe en Dios. Elegí lo último, creyendo que Dios tenía un plan para mi vida y que podía restaurar mi salud y paz.

SANACIÓN ESPIRITUAL:

Inicié un proceso de desintoxicación tanto físico como espiritual. Me sumergí en la oración, el ayuno y la alabanza, buscando la guía de Dios en cada paso. Durante mis baños, escuchaba música de adoración que calmaba mi alma y me permitía comunicarme profundamente con Dios. Estos momentos se convirtieron en un santuario de paz y reflexión.

LA DIRECCIÓN DE DIOS EN LA VIDA COTIDIANA:

Cada mañana, a las 6 am, sentía la guía del Espíritu Santo, brindándome claridad y dirección para el día. Dios me hablaba, recordándome a quién llamar o cómo resolver los problemas que enfrentaba. Su dirección era como un faro en medio de la tormenta.

Dios empezó a hablarme a través de sueños, dándome discernimiento y protección contra las envidias y conflictos en mi vida, incluyendo desafíos en mi matrimonio. Decidí ayunar no solo por mi sanidad física y mental, sino también por la restauración de mi relación matrimonial.

PROTECCIÓN DIVINA Y DISCERNIMIENTO:

En mis momentos de ayuno, Dios reveló las influencias negativas en mi vida, incluidas las envidias ocultas debido a mis negocios. Aprendí a alejarme de ciertas amistades que no eran beneficiosas para mi crecimiento espiritual.

A través de la oración, el ayuno y la alabanza, busqué la sanidad de Dios. En mi intimidad con Él, encontré fortaleza y dirección. Dios me habló a través de sueños y discernimientos, guiándome a través de esta tormenta.

RESTAURACIÓN FAMILIAR:

Mi matrimonio también fue tocado por estas crisis. Me sentía débil y triste, pero decidí ayunar con el propósito de restaurar mi interior y mi relación conyugal. Este ayuno trajo una fortaleza renovada, y sentí que Dios me levantaba, dándome la capacidad de enfrentar mis desafíos con una nueva perspectiva.

BUSCANDO UNA SEGUNDA OPINIÓN:

Armada con esta nueva fuerza, busqué una segunda opinión médica. Con fe, me presenté ante los doctores, explicando que había estado sin medicación durante seis meses. Tras una evaluación exhaustiva, me liberaron del diagnóstico anterior, confirmando que había sido un error y que mi único problema había sido una depresión pasajera, de la cual ya estaba recuperada. . El resultado fue una confirmación de lo que ya sabía en mi corazón: había sido mal diagnosticada. Ahora, mi historial médico solo refleja un episodio pasado de depresión, del cual he sido completamente sanada.

La palabra del Señor dice: "*Porque no nos ha dado Dios espíritu de cobardía, sino de poder, de amor y de dominio propio.*" - 2 Timoteo 1:7 (NVI)

Esta escritura es especialmente relevante para mi historia, ya que refleja la jornada de superar el miedo, la ansiedad y la confusión a través del poder, el amor y el dominio propio que Dios nos otorga. Dios nos entrega la fortaleza y la fe necesarias para enfrentar diagnósticos erróneos y situaciones difíciles, y nos recuerda que, en Dios, tenemos todo lo necesario para superar los desafíos que enfrentamos.

Este viaje me ha enseñado que, sin importar las crisis o los desafíos que enfrentemos, nuestra fe en Dios puede guiarnos hacia la restauración y la renovación. Él es nuestro mayor médico, consejero y amigo, y en Él encontramos la verdadera sanidad.

Este viaje ha sido una prueba de la fidelidad y el poder sanador de Dios. A través de la oración, el ayuno y la alabanza, encontré la fortaleza para enfrentar y superar las adversidades. Dios me guió a una sanidad completa, restaurando no solo mi salud mental y física, sino también fortaleciendo mi matrimonio y relaciones personales.

ORACIÓN JUNTAS:

Señor, gracias por ser mi protector y mi guía. En los momentos más oscuros, Tú has sido mi luz y mi fortaleza. Ayúdame a seguir confiando en Ti, sabiendo que Tu plan para mi vida es perfecto y que siempre estás conmigo. Señor, gracias por Tu mano sanadora en mi vida.

En momentos de confusión y desesperación, me has dado fortaleza y claridad. Ayúdame a recordar siempre que Tú estás en control y que Tu amor y Tu poder son mayores que cualquier desafío que pueda enfrentar. En el nombre de Jesús, Amén.

Devocional Soy Mujer Valiosa
Venciendo los desafíos y cultivando las virtudes que nos hacen valiosas en las manos de Dios

BLANCA ARGUETA

Autora del libro *Mi Nueva Historia*
Líder en la *Comunidad Mujer Valiosa*
Miembro destacado de *La Academia Guipil:*
Escribe y Publica Tu Pasión

Publicado por **Editorial Güipil**

EditorialGuipil.com/blanca

COMUNIDAD
Mujer Valiosa

Academia Güipil
- ESCRIBE Y PUBLICA -
Tu Pasión
CON REBECA SEGEBRE

Escribe palabras que impacten y transformen vidas.

AcademiaGuipil.com

Comunidad · Inspiración · Desarrollo

REFLEJOS DE SU IMAGEN: HISTORIAS DE FORTALEZA, COMPASIÓN Y FE

"Pero el Señor es fiel, y él los fortalecerá y los protegerá del maligno."
2 Tesalonicenses 3:3 (NVI)

Soy una mujer que ha sobrevivido al abuso sexual infantil. Durante años, enfrenté los síntomas y las profundas consecuencias que esta terrible experiencia deja en sus víctimas. Pero gracias a Dios y a un proceso de búsqueda personal por la sanidad, Él me sanó completamente. Esta sanación me ha permitido brindar apoyo a muchas otras víctimas adultas que han sufrido lo mismo que yo. Una de las herramientas más significativas en este proceso fue la escritura de un libro titulado "*Mi Nueva Historia*", publicado bajo el sello editorial Güipil. Este libro se ha convertido en un instrumento para transmitir a las víctimas un mensaje crucial: no están solas y, así como Dios me liberó, también tiene el poder de liberarlas a ellas.

En el año 2022, atravesaba una situación extremadamente dolorosa. A pesar de llevar aproximadamente diez años separada y sin planes de reconciliación con mi esposo, el hecho de que él decidiera rehacer su vida con otra persona fue un golpe muy duro. No puedo explicar completamente el origen de ese dolor; solo sé que lo sentía en lo más profundo de mi ser. Era como si estuviera desprendiéndome de algo que había sido parte de mí durante 29 años. En medio de esta lucha emocional, mi madre falleció, lo que me llevó a depositar toda esa angustia y dolor ante la pérdida de uno de los seres más amados en mi vida.

Unas semanas más tarde, ya en Estados Unidos y durante la celebración del comienzo del año 2023 en la iglesia donde me congrego, viví un momento especial. En la oración por los miembros de la iglesia, mi hija, que forma parte del equipo de oración y es utilizada poderosamente por Dios, oró por mí. Entre las palabras que Dios me transmitió a través de ella, se destacó un mensaje claro y contundente: "Prepárate, pues se aproxima otra prueba".

En el convivio de la membresía de la iglesia, compartía risas con una de mis mejores amigas. Ella había estado con mi hija y conmigo durante la profecía y había escuchado todo. Entre risas, me preguntaba: "¿Realmente no tienes a nadie más para poner a prueba, Dios?". Sin embargo, nunca imaginé que la prueba sería sobre mi salud, aunque había sentido malestares por un tiempo prolongado. En febrero de ese mismo año, un diagnóstico en la sala de emergencias cambió mi vida: me detectaron cinco tumores y un cinco por ciento de cáncer en los huesos. La doctora, sorprendida por mi reacción, observó que no había lágrimas ni desesperación en mí. Sentía una paz completa, tanto exterior como interior.

"Y la paz de Dios, que sobrepasa todo entendimiento, cuidará sus corazones y sus pensamientos en Cristo Jesús."
Filipenses 4:7 (NVI)

Los siguientes meses fueron un torbellino de acontecimientos. Me adapté a intensos tratamientos, luchando contra el tumor más grande ubicado en el sistema linfático, entre el corazón y los pulmones. No tuve tiempo de llorar la pérdida de mi madre; mis días se llenaron de quimioterapias, biopsias y más. Mis hijos y algunos amigos estuvieron a mi lado, llenando mi habitación de hospital de anécdotas y risas, hasta el punto de que el personal comenzó a llamar a mi cuarto *"El Cuarto de la Risa".*

Para resumir, después de seis sesiones de quimioterapia, los dos primeros ciclos de cinco días consecutivos, llegaron los exámenes finales con noticias victoriosas: todos los tumores habían desaparecido, a excepción de uno, que se había reducido a una pequeña cicatriz. *"Debemos realizar más exámenes para asegurarnos de que no hay actividad cancerígena",* fueron las palabras del médico. Tras esto, pedí a mi hija que orara por mí. Dios me habló de nuevo, diciendo: "Estás en una prueba que durará un tiempo y otro tiempo", entre otras cosas. A pesar de entender claramente lo que Dios me decía, no quería aceptarlo. Me repetía constantemente que saldría de esto muy pronto. Sin embargo, los resultados revelaron que, aunque la mayoría de los tumores habían desaparecido, tres nuevos habían surgido. De nuevo, enfrenté biopsias y exámenes, comenzando el proceso una vez más.

En medio de las pruebas más arduas, Dios nos moldea y nos enseña. Aunque el camino esté sembrado de desafíos, cada paso nos acerca más a Su propósito y nos revela la fortaleza que Él ha depositado en nosotros.

"Pero él me dijo: 'Bástate mi gracia, porque mi poder se perfecciona en la debilidad'. Por lo tanto, de buena gana me gloriaré más bien en mis debilidades, para que repose sobre mí el poder de Cristo." 2 Corintios 12:9 (NVI)

Todo esto me ha llevado a reflexionar sobre un proyecto que Dios me ha instado durante años: escribir un libro sobre los derechos que nos da Su Palabra y cómo, día a día, los violamos sin darnos cuenta de nuestro error espiritual. Por esta razón, deseo aprovechar el tiempo para escribir y llegar a aquellas personas que, en algún momento de sus vidas, se han sentido menospreciadas. Tal vez hayan trabajado arduamente por un propósito o una meta, para luego ver cómo, por azares del destino, se desmorona todo su esfuerzo. En cuanto a mi salud, no sé cuándo recuperaré la plenitud, pero confío en la palabra que el Dios Todopoderoso me ha dado.

Mi deseo de escribir surge de un anhelo profundo de decirte que no te rindas ante las dificultades; Dios siempre tiene la última palabra y planes de bienestar para nuestra vida.

"Porque yo sé los planes que tengo para ustedes —declara el Señor—, planes de bienestar y no de calamidad, para darles un futuro y una esperanza."
Jeremías 29:11 (NVI)

Me vienen a la mente las historias de mis tres tíos, hermanos de mi padre: Antonio, Rodolfo y Sixta Hernández Haro, sordomudos de nacimiento, quienes nacieron en un pequeño pueblo de Jalisco en la década de 1930. En aquellos tiempos, su condición ya era compleja y llena de desventajas, y las circunstancias parecían conspirar en su contra. Mi madre me compartió varias de sus historias.

Recuerdo uno de esos relatos, sobre un día en un arroyo con una corriente intensa, proveniente de las lluvias de la Sierra Madre Occidental. Las lugareñas solían tomar agua de esos arroyos para sus labores diarias y lavaban la ropa en sus orillas. En una ocasión, mi madre observó a mi tía Sixta bañándose, comunicándose mediante señas. Decía que todos tenían hogares, matrimonios e hijos, mientras que ella no tenía nada. Mientras expresaba esto, lloraba, y sus lágrimas se mezclaban con el agua del arroyo.

La mayoría de nosotros vivimos centrados en nuestro propio mundo, raramente deteniéndonos a considerar las carencias de los demás y cómo estas afectan sus emociones. A menudo, vivimos de manera egoísta, menospreciando a otros sin darnos cuenta, y caemos en el error de marcar diferencias ante las desventajas ajenas. Mi tía vivió condicionada por el trabajo que la sociedad le impuso, sin siquiera tener la ventaja de aprender un lenguaje de señas que le permitiera comunicarse. Imagínate la profundidad de sus emociones y sus sentimientos quebrantados.

Desafortunadamente, ella murió con una amargura visible en su rostro, sin haber encontrado a alguien que pudiera aliviar, aunque fuera un poco, su situación.

En la tapestría de la vida, cada hilo cuenta su propia historia de lucha y fortaleza. Recordemos ser la luz en la vida de otros, aliviando su carga con empatía y amor, y así tejer juntos un mundo más compasivo y lleno de esperanza.

Dios nos dice en Su palabra: *"Por tanto, alentémonos unos a otros y edifiquémonos mutuamente, tal como ya lo están haciendo."* 1 Tesalonicenses 5:11 (NVI)

Mi tío Antonio, el mayor de los tres, creó un lenguaje de señas propio que les permitió comunicarse entre ellos sin dificultad. Mi madre aprendió este lenguaje, y era impresionante verlos conversar, solo con el contacto de sus manos. Yo, aún niña, admiraba a mi madre por esa habilidad y por dedicar su tiempo a compartir con ellos conversaciones llenas de risas.

Recuerdo una historia que mi madre me contó: tuvo un sueño en el que mi tío Antonio le llevaba una sábana fina, diciéndole que la guardara para el día de su muerte. Curiosamente, al día siguiente, mi tío llegó con la misma sábana y el mismo mensaje. Este tipo de experiencias me hace reflexionar sobre la sensibilidad especial de personas como mi tío, que tienen tanto que ofrecer a una sociedad a menudo ensimismada en su ego.

Mis tres tíos fueron sometidos a trabajos forzados sin remuneración, maltratados por su propio padre, quien buscaba enriquecerse a su costa. Aunque sé poco sobre la vida de mi abuelo, pues era una niña cuando falleció, entiendo, pero no justifico, el trato que les dio a mis tíos.

En sus últimos momentos, mi tío Antonio expresó mediante señas que su padre nunca lo amó, repitiendo "MI PADRE NUNCA ME AMÓ" en medio de relatos sobre los maltratos sufridos a lo largo de su vida. Esto destaca la insensibilidad humana y la tendencia a ignorar a quienes nacen en un mundo de desigualdad. Con estas palabras, deseo llamar la atención sobre la importancia de ser amables con las personas con discapacidades. Mi tío Antonio, a pesar de nunca quejarse ni mostrar enojo, guardó sus verdaderos sentimientos, que solo reveló al final de su vida. Con estas líneas, quiero honrar su memoria, declarando que es uno de los hombres que más he admirado.

Escribí este poema en su honor, el cual comparto contigo:

"Alas hacia la Eternidad"
"Envuélveme en un remolino
y llévame de una eternidad a otra,
a un lugar donde el rencor se extingue,
donde el odio sea imperceptible
y el dolor no encuentre morada.

Déjame atravesar el firmamento
Acogido en el seno de la eternidad.
Que mi dolor se desvanezca con mi último aliento,
que el viento lo atrape y lo haga evaporar.
Que se esfume, sin dejar huella.
escapar victorioso hacia tu Divina presencia.
Que pueda reír, ¡más que reír, carcajearme!,
Liberado por todo lo dejado atrás.

Riendo al menosprecio y el dolor
al despojarme de ellos y sus sombras
y alejarme para siempre de su alcance
¡Si! Para siempre, de sus manos frías y asfixiantes."

"...pero los redimidos del Señor volverán. Entrarán cantando en Sión; eterna alegría coronará sus cabezas. Gozo y alegría alcanzarán, y huirán la tristeza y el gemido." Isaías 51:11 (NVI)

Amiga, nuestras historias, marcadas por pruebas y tribulaciones, dolor y alegría, nos recuerdan la profundidad y complejidad de la experiencia humana.

Las experiencias de mis tíos, marcadas por la exclusión y el sufrimiento, y mi propio viaje a través de la enfermedad y la pérdida, nos enseñan que la empatía y el amor son esenciales para nuestra existencia colectiva. Estas historias son un recordatorio de que no estamos solos en nuestras luchas y que nuestra capacidad para conectarnos con los demás puede ser una fuente de curación y esperanza.

Jesucristo nos enseñó que todo lo que hacemos a otro, se lo hacemos a Él. Esta enseñanza resuena a través de nuestras acciones y nuestras palabras, recordándonos que en cada gesto de bondad, en cada palabra de consuelo, estamos sirviendo a Dios mismo. Al honrar a cada persona que encontramos, al reconocer su valor intrínseco y su dignidad, estamos practicando el amor y la compasión que Jesús predicó.

"Por tanto, traten a los demás como quieren que ellos los traten a ustedes, porque esto resume la Ley y los Profetas." Mateo 7:12 (NVI)

Que esta reflexión nos inspire a mirar más allá de nosotros mismos, a extender nuestras manos y corazones hacia aquellos que necesitan comprensión y apoyo.

Recordemos que cada persona que encontramos lleva consigo una historia, una lucha y un espíritu que merece ser reconocido y honrado. En nuestra jornada colectiva hacia la luz y la verdad, que nunca olvidemos la sagrada humanidad que compartimos, una humanidad que refleja la imagen de nuestro Creador.

ORACIÓN JUNTAS

Padre Celestial, concédenos la empatía, compasión y sobre todo el amor para tener presente que cada ser humano lleva la imagen y semejanza de Dios en su esencia. Recordando las palabras de nuestro Señor Jesucristo, el cual lo dijo de otro modo: todo lo que hagamos a otro ser humano, se lo hacemos a él.

Ayúdanos a ver con Tus ojos, a escuchar con Tus oídos y a actuar con Tu corazón, para que en cada interacción con nuestros semejantes, podamos reflejar Tu amor y bondad. Que nuestras palabras y acciones sean un testimonio de Tu gracia, mostrando paciencia, tolerancia y cuidado a quienes nos rodean.

Danos la sabiduría para reconocer el dolor y la lucha en los demás, y la fortaleza para ser un faro de esperanza y consuelo. Que nuestro caminar por este mundo sea un reflejo de Tu amor incondicional, recordando siempre que al servir a otros, estamos sirviendo a Ti.

En el nombre de Jesús, Amén.

Devocional Soy Mujer Valiosa
Venciendo los desafíos y cultivando las virtudes que nos hacen valiosas en las manos de Dios

MAIRIM PÉREZ

Miembro destacado de
La Academia Guipil: Escribe y Publica Tu Pasión

Academia Güipil
- ESCRIBE Y PUBLICA -
Tu Pasión

CON REBECA SEGEBRE

Escribe palabras que impacten y transformen vidas.

AcademiaGuipil.com

Comunidad · Inspiración · Desarrollo

"LA LUZ DE SORAYAH: UN VIAJE DE FE Y SUPERACIÓN"

"Todo lo puedo en Cristo que me fortalece."
Filipenses 4:13

Hoy quiero compartirles una historia especial, la historia de Sorayah, una pequeña estrella que nos enseña sobre la fe, la fortaleza y el poder de la esperanza en Dios. Su viaje es un testimonio de cómo, incluso en las pruebas más duras, podemos encontrar la gracia y la guía divinas.

LA LLEGADA DE SORAYAH

En octubre de 2016, Dios me bendijo con una hermosa niña llamada Sorayah, cuyo nombre significa "estrella". Desde sus primeros días, supe que Sorayah era única. A diferencia de mi experiencia con mi primer hijo, ella enfrentaba desafíos que iban más allá de lo que cualquier madre espera.

UN CAMINO DIFÍCIL

Los desafíos de Sorayah incluían dificultades para dormir, una dieta muy selectiva y un aislamiento notable. No respondía a su nombre, y los ruidos fuertes la perturbaban profundamente. Cada día, la brecha entre nosotros parecía crecer, dejándome con un sentimiento de desconexión y una pregunta persistente en mi corazón: "¿Cómo guiar a mi hija a través de esto?".

LA REVELACIÓN Y EL DIAGNÓSTICO

La providencia divina me llevó a una conversación con una colega que compartía desafíos similares, lo que me llevó a buscar ayuda profesional. A pesar de las reticencias iniciales del médico, Sorayah fue finalmente diagnosticada con autismo de nivel 3. Este diagnóstico, aunque desalentador, fue el comienzo de nuestro camino hacia la comprensión y la aceptación.

FILIPENSES 4:13: NUESTRA ROCA Y FUNDAMENTO

En estos momentos difíciles, me aferré a la promesa de Filipenses 4:13: "Todo lo puedo en Cristo que me fortalece". Esta escritura se convirtió en mi mantra, una fuente de fuerza y esperanza mientras navegaba por el desconocido mundo del autismo.

LA RESTAURACIÓN EN PUERTO RICO

Un Nuevo Comienzo en Puerto Rico. La decisión de mudarnos a Puerto Rico marcó el comienzo de un capítulo completamente nuevo en nuestras vidas. Allí, encontramos no solo un cambio de escenario, sino también un refugio de esperanza y sanación. La comunidad de la iglesia en Puerto Rico jugó un papel fundamental en nuestro viaje. Su apoyo, oración y comprensión hacia Sorayah y hacia mí nos hicieron sentir comprendidas y acogidas como una familia. Su enfoque en nuestras necesidades especiales y su disposición a trabajar con nosotros según nuestro ritmo fue un bálsamo para nuestras almas.

EL APOYO INTEGRAL EN SER

Fue en Puerto Rico donde una amiga de mi hermano nos presentó a la Sociedad de Educación y Rehabilitación (SER), un lugar que se convertiría en un pilar en nuestra travesía. Con su experiencia en el tratamiento de niños con necesidades especiales y su conocimiento profundo del autismo, SER nos ofreció un camino claro de terapias y apoyo para Sorayah.

Comenzó a recibir terapia del habla, terapia ocupacional y terapia psicológica, herramientas cruciales en su desarrollo.

TRANSFORMACIONES A TRAVÉS DE LA TERAPIA

Los efectos de estas terapias fueron asombrosos. Sorayah, que apenas hablaba a los tres años, comenzó a florecer. En solo tres meses de terapia del habla, su vocabulario pasó de unas pocas palabras a más de 150. La terapia psicológica nos ayudó a comprender y gestionar sus emociones, mientras que la terapia ocupacional fomentó su capacidad para socializar y relacionarse con los demás. Estas terapias no solo transformaron a Sorayah, sino que también remodelaron nuestra vida familiar, enseñándonos a todos a comprender, manejar y aceptar los comportamientos de Sorayah.

APRENDIZAJES Y CRECIMIENTO

Este período fue también un tiempo de aprendizaje y crecimiento personal para mí. Aprendí a vivir un día a la vez, aceptando que no todas las situaciones requieren soluciones inmediatas. Esta nueva comprensión me trajo paz y me permitió ofrecer la estabilidad que Sorayah necesitaba para aprender y crecer a su propio ritmo. Nos enseñó a comunicarnos de maneras que nunca habíamos imaginado y a entender y amarnos de una manera más profunda y significativa.

UNA HISTORIA DE ESPERANZA Y AMOR

Nuestra estancia en Puerto Rico fue más que una mera estación en nuestro viaje; fue un renacimiento, un lugar donde tanto Sorayah como yo fuimos transformadas. Fue aquí donde realmente comenzamos a comprender que, con la guía y el amor de Dios, junto con el apoyo de aquellos que Él pone en nuestro camino, podemos superar cualquier desafío y encontrar la luz incluso en los momentos más oscuros.

LA FUERZA DE UNA ORACIÓN

Cuando recibí el diagnóstico de autismo de Sorayah, mi corazón de madre se llenó de temor y dudas. Sin embargo, en ese momento de incertidumbre, elevé una oración de fe. Le prometí a Dios que lucharía y trabajaría incansablemente por mi hija, y declaré que, al llegar a *kinder*, ella estaría en un salón regular, no en uno de educación especial. Esta oración no fue solo un deseo, sino una afirmación de fe en el poder y la fidelidad de Dios.

EL REGRESO A TEXAS Y LA RESPUESTA A LA ORACIÓN

En 2020, nuestro regreso a Texas marcó un hito en nuestro viaje. Sorayah comenzó su educación en un salón de clases regular, y su progreso fue un reflejo directo de aquella oración que había pronunciado dos años antes. Fue un momento emocionante y conmovedor, ver cómo las palabras pronunciadas en un momento de desesperación se convertían en una realidad tangible. Cada paso que Sorayah daba en su nueva escuela era una muestra de que Dios había escuchado mi oración y había respondido con su amor y poder.

TESTIMONIO DE LA FIDELIDAD DE DIOS

Hoy, Sorayah es mucho más que una niña que superó las expectativas. Es un testimonio viviente de lo que Dios puede hacer en nuestras vidas cuando depositamos nuestra fe y esperanza en Él. Su historia es una demostración de que nuestras oraciones no caen en oídos sordos, sino que son escuchadas y respondidas por un Padre celestial que nos ama profundamente.

PACIENCIA Y FE EN LA RESPUESTA DE DIOS

Esta experiencia me enseñó la importancia de la paciencia y la persistencia en la fe. A menudo, las respuestas a nuestras oraciones no son inmediatas ni se presentan de la manera que esperamos. Pero Dios, en Su sabiduría y tiempo perfecto, trabaja en nuestras vidas de maneras que superan nuestro entendimiento. Mi oración por Sorayah fue respondida no solo con su inclusión en una clase regular, sino también con su extraordinario desarrollo y crecimiento.

CONFIANDO EN LA SOBERANÍA DE DIOS

La historia de Sorayah nos invita a confiar en la soberanía y bondad de Dios, incluso en medio de la incertidumbre y el miedo. Nos recuerda que nuestras oraciones son poderosas y que Dios es fiel para cumplirlas, en Su tiempo y de acuerdo a Su voluntad perfecta. Esta historia es un recordatorio de la necesidad de tener paciencia que, en medio de nuestras luchas y dudas, Dios está trabajando. Él nunca nos abandona, y su plan para nosotros es perfecto. La historia de Sorayah es una invitación a confiar en Él, a buscarlo en la oración y a recordar que, sin importar los desafíos, somos más que vencedores en Cristo Jesús.

ORACIÓN JUNTAS

Señor, te damos gracias por tu fidelidad y amor, te agradecemos por escuchar nuestras oraciones y por trabajar en nuestras vidas de maneras asombrosas. Ayúdanos a confiar en Tu tiempo y en Tu plan perfecto, sabiendo que Tú eres fiel para cumplir Tus promesas. Gracias por guiarnos a lugares de restauración y esperanza. Gracias por ser nuestro refugio en tiempos de tormenta y por guiarnos hacia un futuro lleno de esperanza. Ayúdanos a recordar que, con Tu fuerza, con Tu amor y guía, junto con el apoyo de nuestra comunidad, podemos enfrentar y superar cualquier desafío. En el nombre de Jesús, amén.

Devocional Soy Mujer Valiosa
Venciendo los desafíos y cultivando las virtudes que nos hacen valiosas en las manos de Dios

MARIA MAGDALENA SOTOLONGO

Miembro destacado de
La Academia Guipil: Escribe y Publica Tu Pasión

Academia Güipil
- ESCRIBE Y PUBLICA -
Tu Pasión
CON REBECA SEGEBRE

Escribe palabras que impacten y transformen vidas.

AcademiaGuipil.com

Comunidad - Inspiración - Desarrollo

ALAS DE LIBERTAD: ROMPIENDO CADENAS CON FE Y DETERMINACIÓN

"Porque donde está el Espíritu del Señor, allí hay libertad."
2 Corintios 3:17 (NVI)

Recuerdo que, en los días de mi niñez, cada amanecer traía consigo un mundo mágico y feliz. Me maravillaba con las cosas simples de la creación: el vuelo de una mariposa, la diversidad de sus colores, la belleza de un paisaje o la inmensidad del océano. Todo lo que Dios había creado y lo que descubríamos cada día nos llenaba de alegría. Descubrir el sabor de una fruta, los diferentes aromas, era un regalo sorprendente y mágico de la creación divina.

Hubo un momento en mi vida en que anhelaba dejar atrás mi niñez, buscando independencia y libertad. Como joven, enfrenté responsabilidades, estudios y trabajo. Y al llegar a la adultez, esa magia parecía desvanecerse ante las exigencias de la familia y la necesidad de trabajar incansablemente. Las mariposas y el viento fresco parecían desaparecer, y con ellos, las preguntas profundas sobre nuestra existencia en este vasto universo.

Las maravillas de la naturaleza, regalos de Dios, parecían distantes. Incluso en los momentos de descanso, la vida cotidiana retomaba su curso frenético, dificultando volver a ese mundo de ensueño de la infancia.

Pero, ¿quieres saber algo? Ese mundo de fantasía, ese regalo de Dios, sí existe y está a nuestro alcance. En mi búsqueda personal y profesional, estudié la sociedad y los sistemas sociales, y viví bajo la opresión de una dictadura que limitó nuestra libertad. Este país, Cuba, adoctrinaba desde la infancia, inculcando miedo y restringiendo el emprendimiento.

Recuerdo ir a visitar a mi abuela y pasar por una iglesia, cuyo canto relajante nos atraía, pero nos alejábamos por mandato de mis padres. Con el tiempo, descubrí que había sido bautizada en secreto en una iglesia cristiana. Mi padre, entonces joven y soñador, creía en la promesa de una revolución. La prohibición solo aumentó mi anhelo de entrar en una iglesia y explorar su belleza y espiritualidad.

Finalmente, decidí en ese momento que cuando tuviera la oportunidad debía escapar de esa dictadura, en busca no solo libertad económica sino también de expresión. Ya de adulta, en mi trabajo como trabajadora social de la salud, encontraba gozo en ayudar a los demás, a pesar de las limitaciones del entorno.

Ante las adversidades en Cuba, pronto me vi en la necesidad de renunciar a mi trabajo, pues el salario no alcanzaba para cubrir las necesidades básicas de mi familia. Esta situación me impulsó, junto con mi esposo, a buscar alternativas como emprendedores independientes. Así, nos embarcamos en el mundo de la fotografía digital, un campo nuevo para mí que requería adquirir conocimientos y habilidades. Esta travesía en el emprendimiento fue reveladora. Aprendí no solo a manejar un producto, sino también la importancia de las ventas, que son el corazón de cualquier negocio. Cada venta fortalecía nuestra independencia financiera y permitía el crecimiento de nuestro emprendimiento, reinvertiendo en la expansión y desarrollo de nuevos servicios. Satisfacer las necesidades de los clientes se convirtió en nuestro objetivo principal, y con ello, las ventas se transformaron en una métrica de éxito y prosperidad para nuestro negocio.

En Cuba, alcanzar la libertad financiera era un desafío, ya que era mal visto y hasta perseguido por la dictadura. Ser próspero y tener éxito económico era etiquetado como capitalista, una etiqueta peligrosa en el marco de la Revolución Cubana. La idea de ser libre e independiente era considerada casi un delito, con riesgo de sanciones e incluso encarcelamiento. Sin embargo, a pesar de estas barreras, emprender mi propio negocio fue una etapa liberadora y significativa en mi vida. Me brindó la libertad económica y la oportunidad de trabajar desde casa, convirtiéndose en una de las experiencias más enriquecedoras de mi existencia.

Mi viaje como emprendedora en un país bajo una dictadura opresiva me enseñó a romper cadenas, no solo las mentales sino también las que limitaban mi libertad personal y la de mi familia. Romper con estas cadenas mentales es un proceso continuo que requiere determinación y una estrategia reflexiva. Es fundamental para cualquier emprendedor, en especial para las mujeres, adoptar un enfoque estratégico para liberarse de las limitaciones autoimpuestas y alcanzar su máximo potencial. Este testimonio es un recordatorio de que, con fe y confianza en Dios, podemos superar cualquier obstáculo. En la Biblia, Filipenses 4:13 nos dice: "Todo lo puedo en

Cristo que me fortalece". Esta verdad se hizo evidente en mi vida, a medida que superaba desafíos y encontraba nuevas fuerzas en mi fe y determinación. En cada paso, Dios estuvo conmigo, guiándome hacia la libertad y la plenitud, tanto en lo personal como en lo profesional.

Este viaje de vida, con sus altibajos, me enseñó que, a pesar de las circunstancias, Dios siempre tiene un plan y un propósito. La felicidad y la maravilla no están solo en la infancia; están en cada momento que vivimos bajo la gracia de Dios, en la libertad que Él nos ofrece y en la maravillosa creación que nos rodea. El Señor nos invita a redescubrir esa belleza y a encontrar en Él la verdadera libertad y alegría, sin importar dónde estemos o las circunstancias que enfrentemos.

ORACIÓN JUNTAS:

Padre Celestial, en la quietud de este momento, elevamos nuestras almas a Ti en gratitud y humildad. Te agradecemos por Tu infinita bondad, por guiarnos a través de las etapas más difíciles de nuestras vidas y por mostrarnos que, en Tu amor y gracia, encontramos la verdadera libertad.

Señor, Tú eres nuestro refugio y fortaleza, la luz que ilumina los caminos más oscuros y el consuelo en medio de la incertidumbre. Te pedimos que nos llenes con Tu sabiduría, para reconocer las cadenas que nos atan y la valentía para romperlas bajo Tu guía divina. Ayúdanos a recordar que en Ti, y solo en Ti, encontramos la verdadera libertad: libertad del miedo, de la opresión y de las limitaciones de este mundo.

Danos la fortaleza para enfrentar los desafíos con fe y esperanza, recordándonos siempre que "todo lo podemos en Cristo que nos fortalece". Inspíranos a utilizar nuestras experiencias y aprendizajes para ser luz en la vida de otros, extendiendo Tu amor y paz a quienes nos rodean.

Bendice nuestras familias, nuestras comunidades y cada paso que damos en nuestro camino emprendedor. Que en cada acción reflejemos Tu amor y Tu gracia, siendo testimonio vivo de Tu poder transformador.

En el nombre de Jesús, Amén.

Devocional Soy Mujer Valiosa
Venciendo los desafíos y cultivando las virtudes que nos hacen valiosas en las manos de Dios

MARÍA HERNÁNDEZ-SÁNCHEZ

Miembro destacado de
La Academia Guipil: Escribe y Publica Tu Pasión

Academia Güipil
— ESCRIBE Y PUBLICA —
Tu Pasión

CON REBECA SEGEBRE

Escribe palabras que impacten y transformen vidas.

AcademiaGuipil.com

Comunidad · Inspiración · Desarrollo

FORTALEZA DIVINA A TRAVÉS DE LAS PRUEBAS

Jehová es mi Fortaleza y mi escudo; En él confió mi corazón, y fui ayudado, Por lo que se gozó mi corazón, y con mi cántico le alabaré.
Salmo 28:7

¿Alguna vez has escuchado el dicho popular que dice: "No sabes lo fuerte que eres hasta que tienes que serlo"? Yo personalmente experimenté esto cuando tuve que enfrentar una situación difícil con mi hijo mayor. Fue en ese momento que descubrí que la fortaleza que proviene de Dios es lo que necesitaba para superar mi realidad y avanzar en el proceso.

Todo comenzó hace muchos años, cuando aún no conocía el plan de Dios. Me casé muy joven y tuve dos hijos, Carlos y Verónica, quienes llenaron nuestro hogar de alegría y esperanza. Después de ocho años de matrimonio, enfrentando altibajos y momentos difíciles, tuve que tomar la decisión de emprender un nuevo camino sola con mis hijos. Fueron siete años de aprendizaje, crecimiento personal y profesional. Retomé mis estudios universitarios y, con mucho esfuerzo, completé mi bachillerato. Actualmente soy maestra de español y francés. Sin embargo, todavía no conocía al Dios que transformaría mi vida y la de mis hijos.

Después de siete años de criar a mis hijos sola, conocí a mi esposo René Sánchez en Panamá, mientras cuidaba a mi hermana gemela Carmen, quien había sido operada.

René trabajaba en el hospital. Nos casamos en Puerto Rico y nos mudamos a Panamá. Pronto llego nuestro hijo Rene nuestras vidas y completar nuestro hogar.

A veces, Dios tiene que sacarte de tu zona de confort y llevarte a un lugar desconocido para transformarte y darte las bendiciones que tiene para ti, además de prepararte para enfrentar cualquier situación con valentía, sabiendo que Dios siempre estará contigo. ¿Recuerdas la historia de Ruth?

Mi esposo ya conocía a Dios y a través de su ejemplo de fe, todos fuimos transformados y llegamos a los pies de Jesús. Pero el enemigo tenía otros planes. La realidad es que cuando sirves a Dios, el enemigo no descansa. Quiere destruir tu hogar, tu tesoro más preciado, y sobre todo, a tus hijos. Cuando Carlos entró en la adultez, su vida tomó otro rumbo. Como dicen, "salió del clóset". Pero sabes qué, yo también salí, porque aprendí que las familias cristianas no son perfectas. Creemos que, por orar, ir a la iglesia y servir a Dios, estamos exentos de enfrentar las mismas situaciones que las familias no cristianas. Pero el enemigo también tenía un plan. Sin embargo, Dios es más fuerte que cualquier plan del enemigo. Él me estaba preparando y me preparó para enfrentar este proceso familiar más unidos que nunca. Jamás cuestioné a Dios, sabía que Él debía moldearnos, como un alfarero moldea el barro, para hacernos más fuertes y ayudarnos a crecer espiritualmente.

Después de un tiempo, llegó el diagnóstico de VIH (SIDA) a la vida de Carlos. Otro golpe duro del enemigo. Primero lloras y luego debes levantarte con fuerza y descubrir que todo en la vida sucede por un propósito.

Solo Dios conoce nuestras angustias. Me hace recordar la historia de la mujer con flujo de sangre, que en medio de la multitud que bloqueaba su camino hacia Jesús, encontró fuerzas para tocar su manto y ser sanada. Yo también fui sanada y me levanté del dolor más fuerte que nunca, para seguir ayudando y apoyando a mi hijo Carlos. No ha sido un camino fácil y todavía queda mucho por recorrer. Dios ha sido misericordioso y lo ha levantado del lecho del hospital en varias ocasiones.

A pesar de su fama como "Draq Queen", detrás de las pelucas y el maquillaje está mi amado hijo Carlos. Decidí perdonar y seguir adelante de la mano de Jesús. Descubrí lo fuerte que podemos ser con Dios, caminando a su lado y creyendo en sus promesas.

Hoy le llaman resiliencia, yo lo llamo "*Diosilencia*" porque a través de este salmo:

"*Jehová es mi Fortaleza y mi escudo; En él confió mi corazón, y fui ayudado, Por lo que se gozó mi corazón, y con mi cántico le alabaré.*" Salmo 28:7

Dios me dio todo lo que necesitaba para no desanimarme en medio de la prueba. Él es mi fortaleza, mi escudo y mi motivo de alabanza.

Todos debemos atravesar la prueba del fuego para ser refinados como el oro y moldeados en vasijas útiles. Nuestra misión es llevar un mensaje de esperanza a aquellos que, como nosotros, están siendo preparados para la venida de Cristo. Hoy, Dios nos dice: "No te rindas". Elige un Salmo, ponle tu nombre y léelo cada día para recordar que no estás sola. Los planes y propósitos de Dios para tu familia se cumplirán si te mantienes fuerte, confías en Él y nunca dejas de alabarlo por todo lo que ha hecho en tu vida, tanto bueno como malo. Dios nunca te abandona, siempre te escucha y abraza. Sé valiente y ora por tus hijos, para que nunca se alejen de la presencia de Dios. Si ya lo han hecho, ora para que la semilla que sembraste en ellos germine en el tiempo de Dios. No dejamos de orar por Carlos. Dios hará un milagro en su vida y lo traerá de vuelta a los caminos de Dios. Él hará lo mismo con tus hijos y en tu hogar. Nunca dejes de amar y abrazar a tus hijos, a pesar de sus errores y pecados.

Nuestros hijos nos necesitan más unidos y fuertes que nunca, porque algún día celebraremos el regreso de ese hijo pródigo. Oremos para que se cumpla la promesa en nuestras vidas y en la de nuestros hijos. Yo sigo alabando y sirviendo a Dios en la Iglesia Adventista del Séptimo Día en Killeen, Texas, junto a mi esposo René. Carlos enfrenta desafíos diarios debido al virus, pero confío en que Dios está en control de todo. Le agradezco por prepararme para enfrentar la tormenta.

Amiga, talvez estas enfrentando el fuego de la prueba para ser transformada en una vasija útil. No te rindas. Y estas son mis consejos para ti:

Pídele a Dios una palabra, léela cada día y encuentra esperanza. Los planes de Dios se cumplirán si eres fuerte y te escudas en Él.

Nunca dejes de orar por tus hijos. Dios hará un milagro en sus vidas. No dejemos de amarlos y abrazarlos. Oremos para que la promesa se cumpla. Agradezcamos a Dios en medio de las pruebas y pidámosle a Dios que nos ayude a encontrar el propósito en medio del dolor.

ORACIÓN JUNTAS

Querido Jesús, ayúdanos a encontrarte en medio del dolor y a ver tu propósito a través de tu palabra y tus promesas. Que nunca dejemos de agradecerte y alabarte en medio de las pruebas, y que siempre haya un canto nuevo en nuestro corazón. En el nombre de Jesús, Amén.

Epílogo

Querida amiga,

Has llegado al final de este libro y quiero agradecerte por acompañarme hasta aquí. Espero que estas palabras hayan resonado en tu corazón y te hayan traído paz, esperanza y consuelo en tu camino.

Ahora, quiero hablarte directamente a ti. Tú, mujer valiosa, eres la única calificada para compartir tu historia. ¿Lo sabías? Nadie está tan capacitado como tú para contar tu propia experiencia, porque nadie ha pasado exactamente por lo mismo que tú ni conoce tu perspectiva como tú.

Sólo tú conoces los detalles de cómo Dios transformó tu vida desde tu estado original a lo largo de cada paso de tu viaje, y sólo leyendo sobre ello desde tu punto de vista los lectores obtendrán una visión de cómo Dios trabaja de forma misteriosa, milagrosa, transformando vidas a lo largo del camino.

Al escribir estas experiencias en un libro, muchas más personas podrán acceder a Dios y aprender de lo que sucedió en cada capítulo de tu vida, visto desde dentro de ti misma y no sólo desde fuentes externas.

Él nos dio a cada uno de nosotros historias únicas e historias que han sido elaboradas por Él a través del tiempo, historias que contienen lecciones que debemos aprender y mensajes que debemos compartir con otros. Escribir estas historias en forma de libro nos ayuda a hacer exactamente eso: ¡llegar a más personas que nunca con Su mensaje!

Sé que escribir tu historia puede ser un reto, pero no tengas miedo de hacerlo. Incluso si no eres una escritora experimentada, puedes encontrar la ayuda y los recursos necesarios para plasmar tu historia en papel. Si sientes que Dios te está llamando a compartir tu experiencia con otros, no dejes que el miedo o la duda te lo impidan.

Escribir tu historia en un libro ofrece muchos beneficios tanto a nivel personal como espiritual; permite a los lectores acceder a las experiencias de otra persona a la vez que les proporciona consuelo y les muestra cómo ellos también pueden superar sus propias luchas con fe en la gracia y la misericordia de Dios que les guía en cada paso de su camino hacia la transformación y el crecimiento como individuos.

Recuerda siempre que eres una mujer valiosa y amada por Dios, y que tu historia es importante. A través de ella, podrás ser un instrumento de Su amor y gracia para otros.

Así que anímate y acepta el reto de escribir tu propio libro impactante uniéndote a nuestro entrenamiento gratis. Inscríbete para ser parte de las clases introductorias de nuestra academia Güipil y te enviaremos el horario completo en AcademiaGuipil.com

Gracias de nuevo por leer "Mujer Valiosa: Palabras que sanan". Que este libro te haya brindado la inspiración y la motivación para escribir tu propia historia.

Con cariño y bendiciones,

Rebeca Segebre
Presidente de *Editorial Guipil / Guipil Publishing House*
y Fundadora de *La Comunidad Mujer Valiosa*

MujerValiosa.org
EditorialGuipil.com

REBECA SEGEBRE
MINISTRIES

Para más información, invitaciones, recursos y eventos visita:

www.RebecaSegebre.org
www.MujerValiosa.org
www.Vive360.org

E-mail: oficina@rebecasegebre.org

Medios sociales:
Facebook: @RebecaSegebreOficial
Instagram: @RebecaSegebre
Twitter: @RebecaSegebre

Otras obras por Rebeca Segebre

Un minuto con Dios para parejas

Confesiones de una mujer desesperada

El milagro de la adopción

Un minuto con Dios para mujeres

Confesiones de una mujer positiva

5 secretos que te impulsan al éxito

Mi vida un jardín

Afirmaciones divinas

Una nueva vida

Las siete virtudes del éxito

Símbolos de navidad

Planner Demos Gracias

Tú naciste para escribirlo

Positiva en tiempos de crisis

Un minuto con Dios para emprendedores

Pídeme

Victorioso

Mujer Sana y Próspera

Sana y Próspera

SABIDURÍA DIVINA Y TRANSFORMACIÓN EN COMUNIDAD

con Rebeca Segebre

¿Lista para vivir Sana y Próspera? Encuentra la guía, coaching de vida y el apoyo que necesitas para finalmente crecer afirmada en tu fe y avanzar en tu propósito de vida y comenzar tu viaje a un mejor "Tú".

Inscríbete hoy a la *Comunidad Mujer Valiosa VIP aquí:*

RebecaSegebre.org/amigas

Academia Güipil
- ESCRIBE Y PUBLICA -
Tu Pasión

CON REBECA SEGEBRE

El recurso en línea #1 para aprender a escribir y lanzar tu libro con éxito.

Inscríbete hoy para descubrir y aprender todo lo que conlleva llegar a ser un autor de impacto en el mundo editorial de hoy y cómo tu también puedes lograrlo.

AcdemiaGuipil.com/reto

Inscríbete hoy a la *Comunidad Escribe y Publica* en esta página exclusiva:
RebecaSegebre.org/escribe

www.ingramcontent.com/pod-product-compliance
Lightning Source LLC
Chambersburg PA
CBHW050111170426
43198CB00014B/2537